W0229417

Werner Münch

Freiheit ohne Gott

Werner Münch

Freiheit ohne Gott

Kirche und Politik in der Verantwortung

media
maria

Bibliografische Information: Deutsche Nationalbibliothek.
Die Deutsche Nationalbibliothek verzeichnet diese Publikation in der
Deutschen Nationalbibliografie; detaillierte bibliografische Daten sind im
Internet über http://dnb.ddb.de abrufbar.

FREIHEIT OHNE GOTT
Kirche und Politik in der Verantwortung
Werner Münch

© Media Maria Verlag, Illertissen, 3. Auflage 2019
Alle Rechte vorbehalten
ISBN 978-3-9454013-8-5

www.media-maria.de

Inhalt

Vorwort

In den vergangenen Jahren gab es viele Anfragen für Fernseh- und Rundfunkkommentare und Interviews (Radio Horeb, Kirche in Not, K-TV, bonifatius.tv), Essays in Zeitungen und Zeitschriften (Die Tagespost, Forum der »Jungen Freiheit«, Neue Bildpost, Der 13., Der Fels), Online-Beiträge (kath.net) und vor allem Vorträge in Deutschland, Österreich, Südtirol, Polen und der Schweiz an mich. Die Hörer und Leser waren junge und ältere Menschen aus ganz unterschiedlichen gesellschaftlichen und beruflichen Gruppen. Besonders interessant war, dass sie sich weit überwiegend durch eine zum Teil harte Kritik an den Versuchen der Bevormundung durch die Politik, durch ihre Ablehnung des egoistischen Verständnisses von Freiheit in unserer säkularen Gesellschaft und durch großes Unverständnis wegen des Bemühens der Kirche, die biblische Wahrheit durch einen »modernen« Zeitgeist zu ersetzen, auszeichneten.

Aufgrund zahlreicher Wünsche bin ich zu dem Ergebnis gekommen, wesentliche Beiträge zu publizieren und einem größeren Publikum zum Nachdenken vorzulegen.

Sie stammen aus den letzten zwei Jahren, was bezüglich der Aktualität in der Lektüre beachtet werden muss.

Auch partielle Wiederholungen kleinerer Abschnitte in verschiedenen Beiträgen ließen sich nicht vermeiden, zumal sie in einem anderen Zusammenhang stehen und dadurch auch einen anderen Schwerpunkt setzen.

8

Dankbar bin ich dem Verlag Media Maria und seiner Verlegerin Gisela Geirhos, dass sie meinen Vorschlag ohne zu zögern positiv aufgenommen und umgesetzt haben.

Die Überarbeitung der Manuskripte ist Ostern 2017 abgeschlossen und danach nicht mehr aktualisiert worden.

Freiburg, Ostern 2017   Werner Münch

Eine staatliche Ordnung:
»Im Bewusstsein seiner Verantwortung vor
Gott und den Menschen«

Bei der Behandlung dieses Themas sollen zuerst unsere Verfassung und der Gottesbezug und danach die Situation in Politik, Gesellschaft und Kirche anhand dreier ausgewählter Themenbereiche dargestellt werden.

1. Der Gottesbezug in unserer Verfassung

Im Sommer 1948 waren die Ministerpräsidenten der westdeutschen Länder von den Militärgouverneuren ermächtigt worden, »eine Verfassunggebende Versammlung zur Ausarbeitung einer Verfassung einzuberufen ...«.[1] Die Ministerpräsidenten nannten diese konstituierende Versammlung »Parlamentarischer Rat« und das auszuarbeitende Dokument »Grundgesetz«.[2] Nach der Wahl der Abgeordneten in den Landtagen trat der Rat am 1. September 1948 mit 65 Mitgliedern zur Konstituierung zusammen, wählte Konrad Adenauer zum Präsidenten und gab dem Grundgesetz für die Bundesrepublik Deutschland in der dritten Lesung des Plenums am 8. Mai 1949 die endgültige Gestalt. Am 23. Mai 1949 wurde es verkündet und trat in Kraft. Es beginnt in der Präambel mit dem Satz: »Im Bewusstsein seiner Verantwortung vor Gott und

---

[1] *Jahrbuch des öffentlichen Rechts der Gegenwart*, Bd. 1, Tübingen 1951, S. 1.

[2] *Ebd.*, S. 3.

den Menschen ...«[3] Seine Bedeutung soll in drei Punkten erörtert werden:

Erstens: Aus den Diskussionen im Parlamentarischen Rat
geht eindeutig hervor, dass unsere Verfassung ein Beweis der
Lernfähigkeit aus den Fehlern der Vergangenheit der deutschen Geschichte war, auch der Verleugnung Gottes und
christlicher Grundwerte. Das Inferno des Nationalsozialismus
war das stärkste Motiv zur Aufnahme dieses Gottesbezuges,
um »totalitären Staatsmodellen eine Absage« zu erteilen.[4]

Zweitens: Der bekannte Verfassungsrechtler Josef Isensee
hat in seinem Aufsatz »Christliches Erbe im organisierten
Europa«[5] den Gottesbezug in unserer Verfassung als »Ausdruck der Demut und des Respekts vor den unverfügbaren
geistigen Mächten der Religion und der Sittlichkeit, die er
nicht zu ersetzen vermag«, bezeichnet[6] und wie folgt zusammengefasst: »Der Universalitätsanspruch des Christentums ist
heute übergegangen auf die politischen Ideen, die europäi-
schem Boden entstammen, aber der ganzen Menschheit zu-
gedacht sind: Menschenrechte und Demokratie. Im Menschenbild des Christentums, das auf Schöpfung und Erlösung
gründet, sind wesentliche Züge der modernen Menschenrechte angelegt: die Einheit des Menschengeschlechts, das auf einen gemeinsamen Ursprung zurückgeht, die Gleichheit aller,
die von Gott erschaffen sind, die Einmaligkeit jedes einzelnen Menschen, in dem sich ein Gedanke Gottes verkörpert,
seine Personalität und Eigenverantwortung. ... Die *dignitas
humana* kommt dem Menschen als Person zu. Im christlich-

---

3   *Grundgesetz für die Bundesrepublik Deutschland*, 47. Auflage, 2016, S. 5.
4   Tine Stein, »»Im Bewusstsein seiner Verantwortung vor Gott‹ ...: Christli-
    ches Menschenbild und demokratischer Verfassungsstaat«, in: Mathias
    Hildebrandt u. a. (Hg.), *Säkularisierung und Resäkularisierung in westli-
    chen Gesellschaften*, Wiesbaden 2001, S. 185–201, bes. S. 192.
5   Josef Isensee, »Christliches Erbe im organisierten Europa« in: *JuristenZei-
    tung* 70, S. 745–754.
6   *Ebd.*, S. 747.

jüdischen Glauben ist er das Ebenbild Gottes, der ihn geschaffen hat. Die von seinem Schöpfer verliehene Würde erneuerte sich in der Menschwerdung Gottes.«[7] Also: Der Gottesbezug in unserer Verfassung bringt ein Selbstverständnis zur Geltung im Sinne eines Programms mit einer Verpflichtung des Staates und seiner Bürger, weil nämlich, im Sinne von Robert Kardinal Sarah, »die Verfinsterung des Göttlichen die Erniedrigung des Menschlichen bedeutet«.[8] Deshalb können wir auch die Begründung für das Entfernen der Kreuze aus deutschen Gerichtssälen, ein Urteil würde »im Namen des Volkes« und nicht im Namen Gottes verkündet, nicht akzeptieren, weil auch ein richterliches Urteil »in Verantwortung vor Gott und den Menschen« gesprochen wird.

Drittens: In Verfassungen unterscheidet man zwischen der *invocatio Dei,* also der Anrufung Gottes, und, so wie in unserem Grundgesetz, der *nominatio Dei,* also der bloßen Nennung Gottes, wodurch die Fragen über die Natur und die Würde des Menschen eine besondere Bedeutung erhalten. Im Verständnis dieser Naturrechtsfrage ist uns, wie so oft, Papst Benedikt XVI. eine große Hilfe, der uns darauf hinweist, dass es selbstverständlich Naturgesetze im Sinne physikalischer Funktionen gebe, aber das eigentliche Naturgesetz ein moralisches Gesetz sei. Die Natur sei nicht Zufall oder Montage, sondern Schöpfung. Jede staatliche Verfassung ruhe auf Grundlagen, die sie selbst nicht vorschreiben kann, sondern voraussetzen muss.[9]

[7] *Ebd.,* S. 752 f.

[8] Robert Kardinal Sarah und Nicolas Diat, *Gott oder nichts – Ein Gespräch über den Glauben,* Kißlegg 2015, S. 255.

[9] S. hierzu besonders folgende Schriften von Joseph Ratzinger: »Der Mut zur Vollkommenheit und zum Ethos«, in: *Frankfurter Allgemeine Zeitung,* 4. August 1984; »Abbruch und Aufbruch. Die Antwort des Glaubens auf die Krise der Werte«, in: *Eichstätter Hochschulreden,* Band 61/1988, und *Wendezeit für Europa? Diagnosen und Prognosen zur Lage von Kirche und Welt,* Einsiedeln 1991.

Mit den letzten Aussagen ist eine gute Überleitung zum nächsten Teil unseres Themas hergestellt, nämlich zu der Frage, in welcher Weise Politik, Gesellschaft und Kirche die genannten Grundlagen beachten und umsetzen.

2. Wie geht die Politik mit der »Verantwortung vor Gott und den Menschen« um?

Dies soll konkretisiert werden anhand von Ehe und Familie, Abtreibung und Suizidassistenz.

2.1 Ehe und Familie

»Ehe und Familie stehen unter dem besonderen Schutz der staatlichen Ordnung.« So steht es seit Mai 1949 unverändert in Art. 6 (1) unseres Grundgesetzes. Vor 68 Jahren war es rechtlich, politisch und gesellschaftlich völlig zweifelsfrei, dass unter Ehe ein verheiratetes Paar von einem Mann und einer Frau und unter Familie ein solches Paar mit Kind bzw. Kindern verstanden wurde. Aber dieses Verständnis hat sich geändert. Die Richter des Bundesverfassungsgerichtes haben sich immer häufiger und eindeutiger den politischen und gesellschaftlichen Veränderungen angepasst und sie sogar gefördert, indem sie Art. 6 durch Art. 3 (1) unseres Grundgesetzes praktisch ausgehebelt haben, der lautet: »Alle Menschen sind vor dem Gesetz gleich.« Obwohl sich diese Regelung nicht auf verschiedene Formen von eheähnlichen Partnerschaften bezieht, sondern hiermit natürlich etwas ganz anderes gemeint war, haben die Richter alle neuen Formen von gleichgeschlechtlichen Partnerschaften, die in ihren Beziehungen wie Mann und Frau in einer Ehe zusammenleben, der herkömmlichen Ehe und Familie gleichgestellt bzw. sind dabei, dies uneingeschränkt zu tun.

Die Politik liegt seit Jahren mit ihren Gesetzen auf dieser Linie, wie zum Beispiel mit:

- dem Lebenspartnerschaftsgesetz von 2001;
- zahlreichen weiteren Gesetzen in den Folgejahren, die verschiedene Lebenspartnerschaften im Güter- und Unterhaltsrecht, im Ehegattensplitting, Familienzuschlag, Versorgungsausgleich und in der Hinterbliebenenversorgung der Ehe gleichgestellt haben;
- dem Elterngeldgesetz von 2006 und dem Kinderförderungsgesetz von 2008;
- dem Paradigmenwechsel in der Familienpolitik durch die Reformen des Scheidungs- und Unterhaltsrechts sowie des Kindschafts- und Sorgerechts.

Einen weiteren wichtigen Vorstoß zur rechtlichen Gleichstellung hat der Bundesminister der Justiz im Mai 2015 unternommen, indem er in 23 bestehenden Gesetzen und Verordnungen die Vorschriften für die Ehe auf die Lebenspartnerschaften ausgedehnt hat. Eine Änderung von Artikel 6 des Grundgesetzes erfolgt nur deshalb nicht, weil die Politik für diese direkte Aktion zu feige ist (noch!).

Die Bilanz ist eindeutig:

Erstens: Politik und Rechtsprechung spielen zusammen. Das Verfassungsgericht hat sich sogar als Motor hervorgetan. Einen eindeutigen Beweis dafür hat es zum Beispiel durch sein Urteil vom 21. Juli 2015 gegen das Betreuungsgeld mit einer ausschließlich formalen Begründung erbracht.

Zweitens: Frauen gelten nur als vollwertig, wenn sie außerhalb der Familie berufstätig sind. Tätigkeiten zu Hause in der Erziehung der Kinder werden gering geschätzt.

Drittens: Ehe und Familie sind in ihrer Existenz und ihrem besonderen Wert durch die Politik und Gesetzgebung auf eine »Verantwortungsgemeinschaft« reduziert worden, die jetzt alle Formen des Zusammenlebens umfasst, »in denen Menschen Verantwortung füreinander übernehmen«. – »Einen besonderen Schutz der staatlichen Ordnung« für Ehe und Familie gibt es nicht mehr. Die Ehe von Mann und Frau ist nur noch »eine Lebensweise unter vielen«. Ungleiches ist gleichgemacht worden.

Die Ehe ist inzwischen anders definiert und rechtlich verankert, als sie über Jahrhunderte in zahlreichen Kulturen verstanden und gelebt wurde.

2.2 Abtreibung

Nach wie vor ist die Abtreibung bei uns verboten, wenn auch straffrei. Das Statistische Bundesamt meldet seit 1996 im Durchschnitt pro Jahr 100 000 Abtreibungen. Die nicht registrierten und anders erfassten Fälle ergeben wahrscheinlich insgesamt tatsächlich eine zwei- bis dreifache Größenordnung. Art. 1 (1) unseres Grundgesetzes lautet: »Die Würde des Menschen ist unantastbar. Sie zu achten und zu schützen ist Verpflichtung aller staatlichen Gewalt.« Der Staat tut dies aber nicht, obwohl das Bundesverfassungsgericht das ungeborene Leben in diese Schutzvorschrift des Gesetzes ausdrücklich miteinbezogen hat, wie aus einer Entscheidung des Gerichtes von 1993 eindeutig hervorgeht. Hierin heißt es: »Das Grundgesetz verpflichtet den Staat, menschliches Leben zu schützen. Zum menschlichen Leben gehört auch das ungeborene. Auch ihm gebührt der Schutz des Staates. Die Verfassung untersagt nicht nur unmittelbare Eingriffe in das ungeborene Leben, sie gebietet dem Staat auch, sich schützend und fördernd vor dieses Leben zu stellen, d. h. vor allem, es auch vor rechtswidrigen Eingriffen vonseiten anderer zu bewahren.« Aus dem »Recht des ungeborenen Kindes auf Leben« hat sich ein »Rechtsanspruch auf Abtreibung« entwickelt.[10] In unserer Gesellschaft ist die Kultur des Lebens verloren gegangen, und dafür ist der Staat mitverantwortlich, weil er durch eine flächendeckende Versorgung mit einem Beratungsschein die Voraussetzungen für eine Abtreibung geschaffen hat und damit zum Helfer bei der Tötung von Ungeborenen geworden ist, obwohl ihn das Gesetz zum Gegenteil verpflichtet. Die Regierung erfüllt nicht einmal die gesetzlich vorgeschriebenen Kontrollen durch den Staat. Wie kann eigentlich eine Regierung in der Flüchtlingsfrage eine »Willkommenskultur« für alle Menschen auf der Welt propagieren und gleichzeitig ein sogenanntes »Recht auf Abtreibung«, d. h. eine millionenfache Tötung von ungeborenen Kindern zulassen und unterstützen? Eine Willkommenskultur für entstehendes Leben und für Behinderte wäre im Programm einer christdemokratischen Partei wahrlich angebracht gewesen.

Von der Erfüllung des Verfassungsgebotes »in Verantwortung vor Gott und den Menschen« kann also auch bei diesem Thema keine Rede sein.

Im Kern ist das, was der Staat tut, noch viel schlimmer: Mit unseren Steuern bezahlt er zuerst die Abtreibungsberater, dann die Abtreibung selbst und schließlich die Versuche zur Beseitigung der negativen Folgen bei vielen Frauen, die oft noch lange nach einer Abtreibung Hilfe benötigen. Ein anderes Beispiel: Ein Bewerber für ein öffentliches Amt in München ist Mitglied in einer Lebensschutz-Organisation. Nach Bekanntwerden wird er öffentlich angegriffen, diffamiert und aus dem Bewerbungsverfahren gekippt. Er war Kandidat der CSU, die ihn fallen ließ, als sie politisch unter

---

[10] Mechthild Löhr, »Der Abschied vom Tötungsverbot«, in: Bernward Büchner u. a. (Hg.), *Abtreibung – Ein neues Menschenrecht?*, Beltheim 2014, S. 183–208, bes. S. 183–185.

Druck geriet. Der Staat achtet auf den Schutz von Kröten, auf Umwelt- und Verbraucherschutz, aber der Schutz eines ungeborenen wehrlosen Kindes ist ihm völlig gleichgültig. Ein solcher Staat darf sich dann aber auch nicht wundern, wenn seine Bürger ihm keine Gesetzestreue und Loyalität mehr entgegenbringen!

2.3 Suizidassistenz

Anfang November 2015 hat der Deutsche Bundestag einen neuen Paragrafen (217) im Strafgesetzbuch mit folgendem Wortlaut beschlossen: »Wer in der Absicht, die Selbsttötung eines anderen zu fördern, diesem hierzu geschäftsmäßig die Gelegenheit gewährt, verschafft oder vermittelt, wird mit Freiheitsstrafe bis zu drei Jahren oder mit Geldstrafe bestraft. Als Teilnehmer bleibt straffrei, wer selbst nicht geschäftsmäßig handelt und entweder Angehöriger des in Absatz 1 genannten ist oder diesem nahesteht.« D. h. also: Suizid und Beihilfe dazu bleiben, wie bisher, straffrei. Lediglich eine geschäftsmäßige, d. h. auf Wiederholung und Gewinn angelegte Suizidbeihilfe ist ebenso verboten wie eine aktive Sterbehilfe. Der bereits zitierte Robert Kardinal Sarah sagt hierzu treffend: »Die Euthanasie ist das schrillste Anzeichen einer Gesellschaft ohne Gott, einer untermenschlichen Gesellschaft, die die Hoffnung verloren hat.«[11]

Und er folgert daraus: »Wenn wir aus der Kultur des Todes nicht aussteigen, läuft die Menschheit in ihr Verderben. Zu Beginn dieses dritten Jahrtausends gilt die Vernichtung von Leben nicht mehr als Barbarei, sondern als ein Fortschritt der Zivilisation; das Gesetz gibt unter einem Recht zur individuellen

---

[11] Robert Kardinal Sarah und Nicolas Diat, *Gott oder nichts – Ein Gespräch über den Glauben*, a. a. O., S. 228.

Freiheit vor, dem Menschen die Möglichkeit zu geben, seinen Nächsten zu töten. Die Welt könnte zu einer regelrechten Hölle werden.«[12]

Der Befund, wie der Staat seine »Verantwortung vor Gott und den Menschen« wahrnimmt, ist also in allen drei aufgezeigten Bereichen bedrückend.

Und da bekannt ist, dass politische Entscheidungen und die Rechtsetzung häufig eine Reaktion auf gesellschaftliche Entwicklungen und Veränderungen sind, schauen wir uns jetzt kurz die Situation in unserer Gesellschaft an.

3. Wie geht die Gesellschaft mit der »Verantwortung vor Gott und den Menschen« um?

Die gesellschaftlichen Krisensymptome bei uns sind bedrohlich geworden, unterstützt von zunehmenden Fernseh-Primitiv-sendungen aus der Verblödungsindustrie mit hohen Einschalt-quoten wie zum Beispiel »Dschungelcamp« oder »Bauer sucht Frau«. Wegen des staatlich verordneten Rundfunk-Zwangs-beitrages gibt es wohl auch keine Chance, diese Situation zu verbessern. Gerichtsurteile aus der jüngsten Vergangenheit lassen uns da ziemlich mutlos werden. Welche unserer Lebens-gewohnheiten weisen denn eigentlich noch auf eine christliche Ethik hin? Sind es der allgemeine Glaubensverlust, der rapide abnehmende Besuch von Gottesdiensten, der Rückgang beim Empfang von Sakramenten, Egoismus, Abbau menschlicher Sensibilität und sozialer Solidarität, Macht, Geld, Sex, totales Lustprinzip, Disqualifikation der Ehe und des Kindeswohls mit Verächtlichmachen der ehelichen Treue, Liebe und

---

[12] *Ebd.*, S. 228.

18

Verantwortung, Patchworkfamilien, Homo-Ehen, hohe Schei-
dungsraten, Abbau von vertrauensvollen Eltern-Kind-Bezie-
hungen, Gleichgültigkeit gegenüber den sexuellen Verführun-
gen unserer Kinder in Kindergärten und Schulen, Abtreibung
als Menschenrecht, Verachtung von Behinderten, Wegschieben und Aussondern von alten Menschen, weil sie zu teuer
und zu lästig sind, ungebremste Versuche zur Optimierung
des Menschen durch grenzenlose Forschung und Anwendung
der Gen- und Biotechnik? Also was wollen wir? Wir haben
zahlreiche Gründe, über unsere immer wieder von den Politikern viel beschworenen sogenannten Werte nachzudenken,
die es in der Realität doch kaum noch gibt! Aber allein mit
einem solchen Befund kommen wir nicht weiter, denn Ernst-
Wolfgang Böckenförde hat recht mit seinem bereits vor über
vierzig Jahren ausgesprochenen Diktum: »Der freiheitliche,
säkularisierte Staat lebt von Voraussetzungen, die er selbst
nicht garantieren kann.«[13] Es nutzt aber dann nichts, wenn
wir nicht bereit sind, nach diesen Voraussetzungen zu handeln und zu leben.

Interessant bleibt jetzt noch die dritte Frage, ob wir katholischen Christen heute in unserem Bekenntnis zur Würde des
Menschen »in Verantwortung vor Gott und den Menschen«
von unserer Kirche genügend unterstützt werden. Wir fragen
also nach der

---

[13] Ernst-Wolfgang Böckenförde, *Staat, Gesellschaft, Freiheit*, Frankfurt 1976,
S. 60.

4. Haltung der katholischen Kirche zu den drei Bereichen:

4.1 Ehe und Familie

Schon der große Familienpapst Johannes Paul II. hat während seines Pontifikats die Gender-Ideologie als eine »neue Ideologie des Bösen« bezeichnet, und Papst Franziskus hat sie »dämonisch« genannt. Warum wird diese klare Position nicht ohne Wenn und Aber vertreten? Warum brauchen wir plötzlich bei der Ehe, die ein Sakrament ist und bleibt, nach Reinhard Kardinal Marx »neue Lösungen« oder einen »Paradigmenwechsel«? Wieso muss »der Kern der Wahrheit« neu freigelegt werden? Jesus Christus hat uns doch geoffenbart, was seine Wahrheit ist, und die ist zweifelsfrei und völlig zeitunabhängig. Wieso ist nach Auffassung der Deutschen Bischofskonferenz plötzlich das personale Gewissen der Maßstab für den Empfang der Sakramente? Wieso ist auf einmal nicht mehr jeder objektive Ehebruch schwere Sünde? Im Kern wird hier nach dem fatalen Fehler der »Königsteiner Erklärung« erneut ein überflüssiges Scheunentor geöffnet, das im Ergebnis dazu führen wird, dass der Dammbruch nicht aufzuhalten ist und sich unsere Kirche im Verständnis und in der Anwendung von Sakramenten spalten wird. Erste Erklärungen von nationalen Bischofskonferenzen weisen bereits zweifelsfrei darauf hin.

Was hat denn ein völlig überflüssiger Flyer »Geschlechtersensibel: Gender katholisch gelesen«[14], mit dem Logo der Deutschen Bischofskonferenz versehen, für ein Ziel, wenn er lediglich den falschen Eindruck erweckt, dass Gender die Chancengleichheit von Frauen und Männern herstellen will? Gottlob haben sich

---

[14] Herausgegeben von der Arbeitsstelle für Frauenseelsorge der Deutschen Bischofskonferenz und der Kirchlichen Arbeitsstelle für Männerseelsorge und Männerarbeit in den deutschen Diözesen e. V., 22. Oktober 2015.

mehrere Bischöfe wie zum Beispiel Paul Josef Kardinal Cordes und die Bischöfe Voderholzer und Algermissen dagegen verwahrt und ausdrücklich betont, dass sie dazu auch gar nicht befragt worden seien. Ja, wer hat den Flyer denn initiiert, gebilligt und finanziert, und warum ist bis heute keine Distanzierung durch die DBK erfolgt? Seit Jahren mahnen katholische Gläubige ein Hirtenwort zur Gender-Ideologie an – bis heute leider vergeblich!

Zwei andere Fragen möchte ich noch kurz erwähnen:

Erstens: Vor allem in Berlin, aber auch in anderen Bundesländern haben verantwortliche Betreuer in Flüchtlingseinrichtungen mehrfach öffentlich darüber berichtet, dass Christen es nicht wagen, ihren Glauben zu bekennen, weil sie nicht selten mit dem Tod bedroht und tätlich angegriffen werden. Daran beteiligen sich sogar Dolmetscher und Personen des Sicherheitspersonals in den Unterkünften. Viel zu spät hat man damit angefangen, auch an der Spitze der beiden Kirchen, diese Klagen ernst zu nehmen und sich zu überlegen, wie man darauf reagieren soll. Ein früheres und entschiedeneres öffentliches Signal zum Schutz der christlichen Flüchtlinge wäre für die Betroffenen sehr viel hilfreicher gewesen und hätte der katholischen Kirche in Deutschland viele neue Sympathien statt Verwunderung, Zweifel und Ablehnung eingebracht. Und ich füge ohne Scheu hinzu, zumal ich weiß, dass gerade in dieser Frage viele katholische Christen einer Meinung mit mir sind: Wenn Papst Franziskus bei seinem Besuch der Flüchtlingseinrichtungen auf der Insel Lesbos in Griechenland am 16. April 2016 nicht ausschließlich muslimische Familien aus Syrien, sondern auch christliche mit nach Rom genommen hätte, dann wäre dies ein ermutigendes und hoffnungsvolles Zeichen für die vielen verfolgten Christen in diesem Land gewesen. Der Hinweis auf ungültige Papiere von vorgeschlagenen christlichen Familien kann nicht überzeugen.

Zweitens: Die ständige Verharmlosung des Islam durch einige Bischöfe mit unterschiedlichen Begründungen hat inzwischen ein unerträgliches Ausmaß angenommen. Wer immer noch behauptet, dass Islamismus nichts mit dem Islam zu tun hat, der kann uns auch gleich zusätzlich darüber belehren, dass Alkoholismus nichts mit Alkohol zu tun hat. Es ist selbstverständlich, dass bei uns das Recht auf Religionsfreiheit für alle gelten muss, für Christen wie für Muslime und alle anderen. Aber wir sollten schon den Mut haben und sagen, dass in unserem Land Christen und Juden von Muslimen angegriffen werden und nicht umgekehrt.

Und im Übrigen scheint es überfällig zu sein, dass sich unsere Bischöfe mehr zu Fragen des Glaubens äußern und sich darüber hinaus vor allem auf Probleme wie Zerschlagung der Familien, sexuelle Verführung der Kinder in den Schulen, Abtreibung, »Pille danach« oder verlassene Scheidungskinder konzentrieren. Ständige Stellungnahmen zur aktuellen Politik sind nicht Aufgabe der Bischöfe, auch nicht öffentliche Laudationes für die Regierungschefin. Und es macht ebenfalls keinen Sinn, wenn zum Beispiel Erzbischof Schick fordert, dass gegenüber der AfD deutlich gemacht werden müsse, »was unsere demokratischen und christlichen Positionen sind, was geht und was nicht«, wenn er diese Forderung nicht gleichzeitig gegenüber allen Parteien erhebt, die keine christlichen Positionen vertreten. Und wenn ein Kardinal in der Öffentlichkeit erklärt, er sehe keine Spaltung in unserer Gesellschaft, dann ist das bestenfalls ein Beitrag aus einer gesellschaftlichen Isolierstation. Es gibt ja nicht einmal mehr einen Diskurs in Kirche und Gesellschaft, der diskriminierungsfrei ist.

Und die Aussage des Kölner Kardinals, Christen und Muslime hätten denselben Gott, ist theologisch schlicht und ergreifend falsch.

4.2 Abtreibung

Hier möchte ich mich auf den Hinweis beschränken, dass unsere Kirche immer wieder mutig in der Öffentlichkeit und auch in Gesprächen mit Politikern darauf hinweisen müsste, dass sie die Tötung ungeborenen Lebens verurteilt. Dass dies in eindrucksvoller Weise von einigen Bischöfen, wenn auch nur von wenigen, beim »Marsch für das Leben« sowohl im letzten als auch schon im Jahr davor in Berlin unter Beweis gestellt worden ist, haben wir mit großer Dankbarkeit ebenso registriert wie das Plädoyer des Rottenburger Weihbischofs Thomas Maria Renz für ein neues Denken und Handeln in der Schwangerenberatung. Solche Bekenntnisse unserer Hirten würden wir gern noch öfter hören, denn sie verfehlen nicht ihre öffentliche Wirkung. Auch eine Predigt über den Schutz des ungeborenen Lebens sollte kein Tabu sein. Wir haben lange keine mehr gehört.

4.3 Suizidassistenz

Nach der in einem vorhergehenden Kapitel zitierten Entscheidung des Deutschen Bundestages zur Erlaubnis der Suizidassistenz haben Reinhard Kardinal Marx und der damalige ZdK-Vorsitzende Alois Glück, zusammen mit Repräsentanten der EKD, eine Pressemitteilung herausgegeben, die einen katholischen Christen geradezu fassungslos macht. Sie feiern darin nämlich diese Entscheidung als »ein starkes Zeichen für den Lebensschutz und für die Zukunft unserer Gesellschaft und ihren Zusammenhalt«. Noch ein Jahr vorher stand in einem Flyer der deutschen Bischöfe unter dem Titel »Sterben in Würde«: »Aus ethischer Sicht ist die Beihilfe zur Selbsttötung – sowohl durch Organisationen als auch durch Ärzte oder andere nahestehende Personen – abzulehnen.« Jetzt finden wir keinen Hinweis mehr darauf und auch nicht auf die religiöse Ethik des Christentums, dass nämlich jedes Leben ein Geschenk Gottes ist und nicht der Verfügbarkeit des Menschen unterliegt. Diese Stellungnahme unserer Kirche ist eine traurige Niederlage für den Schutz des menschlichen Lebens und den Zusammenhalt einer kultivierten Gesellschaft, über die wir erschüttert sind.

Für unseren Einsatz für Ehe und Familie brauchen wir ebenso wie für unseren Kampf für die Erhaltung des menschlichen Lebens und seiner Würde Verbündete. Der erste und wichtigste Verbündete ist unsere Kirche, und auf sie müssen wir uns verlassen können. Anpassung an den Zeitgeist und Anbiederung an die Politik helfen uns nicht weiter, sondern machen uns immer schwächer. Wenn Tradition und Lehre gegen den Zeitgeist ausgespielt werden, haben wir bereits im Ansatz die Auseinandersetzung mit der säkularisierten Welt verloren. Und die Forderung nach einer »Verheutigung des Evangeliums« halten wir für ebenso abwegig wie die Bemerkung, wir seien keine »Filiale von Rom«. Unser Glaubensverständnis ist ein anderes.

5. Schluss

Wir wollen uns bemühen, die Glaubenswahrheiten zu leben und mutig zu vertreten, um damit unserer »Verantwortung vor Gott und den Menschen« gerecht zu werden. Wir lehnen jegliche Art von Gewalt ab, gleichgültig, ob sie von »Linken« oder »Rechten« begangen wird, und erwarten dies auch von den Politikern aller demokratischen Parteien. Und wenn zum Beispiel unbescholtene Menschen, die sich für den Erhalt von Ehe und Familie und den Schutz des menschlichen Lebens einsetzen, in einem Theaterstück mit einem Massenmörder und einer Rechtsterroristin in Zusammenhang gebracht und die dafür verantwortlichen sogenannten Künstler anschließend mit Verweis auf die »Freiheit der Kunst« vom Landgericht in Berlin von der Anklage freigesprochen werden, dann ist das ein Skandal. Es gab kein Wort dazu von einem hohen Kirchenvertreter, keines vom Bundesminister der Justiz und auch keines von der Bundeskanzlerin. Es kann doch nicht sein, dass eine deutsche Regierungschefin bei übler Schmähung und Beleidigung von Jesus Christus und früher auch mehrfach von Papst Benedikt XVI. im eigenen Land schweigt, aber bei einer Schmähkritik gegen einen Despoten eines anderen Landes, der brutale Kriege führt und im Inneren alle Kritiker und Gegner verfolgen und gefangen nehmen lässt, in demütigen Kotau verfällt, nur um ihre umstrittene Flüchtlingspolitik zu retten. Abschaffung der Pressefreiheit, Ausschaltung der unabhängigen Justiz, willkürliche Verhaftungen und Aufruf zu Denunziationen verlangen mehr als eine sanfte Sprache der Diplomatie.

Und ein Letztes: Ich habe mich bisher nicht damit abgefunden und werde es auch zukünftig nicht tun, dass in einer Demokratie Bürger, die nicht dem »säkularen Mainstream« und der verordneten »Political Correctness« folgen, als ultrakonservativ und rechtspopulistisch abgestempelt und als Nazis und Faschisten beschimpft werden. Für unser Bekenntnis zur herkömmlichen Ehe und Familie, für den Schutz des ungeborenen Lebens sowie für behinderte und alte Menschen lassen wir uns nicht, von wem auch immer, in die rechte Schmuddelecke drängen.

Weil wir uns der biblischen Wahrheit verpflichtet fühlen und daraus unsere Hoffnung und Zuversicht schöpfen, können wir das Wort des Passauer Bischofs Stefan Oster als zielführend und hilfreich bewerten, das lautet: »Christus liebt uns, wie wir sind. Aber er will nicht, dass wir bleiben, wie wir sind.«[15]

---

[15] Stefan Oster, *Person-Sein vor Gott*, Freiburg 2015, S. 372.

Eine gedankliche Skizze zu
Glaube und Moral

1. Glaube

Beim Thema »Glauben in einer freiheitlichen Gesellschaft« stellt sich immer wieder die Grundfrage, ob eine solche Gesellschaft ohne Gott existieren kann, ohne dabei im Chaos zu versinken. Ich erinnere in diesem Zusammenhang oft und gern an die Aussage von Carlo Mierendorff, einem sozialdemokratischen Reichstagsabgeordneten, der nach seiner Befreiung aus der Nazi-Lagerhaft gesagt hat: »Wissen Sie, ich bin als Atheist in das Konzentrationslager gekommen, und nach dem, was ich dort erlebt habe, verließ ich es als gläubiger Christ. Es ist mir klar geworden, dass ein Volk ohne metaphysische Bindung, ohne Bindung an Gott, weder regiert werden noch auf Dauer blühen kann.«[1]

Aber wie ist es nun um diesen Glauben heute bei uns bestellt? Nicht als Theologe, sondern als Sozialwissenschaftler und vor allem als katholischer Christ möchte ich mich auf wenige Anmerkungen beschränken: Joseph Kardinal Ratzinger, später Papst Benedikt XVI., weist schon in seinem Buch *Einführung in das Christentum*[2] darauf hin, dass der tiefste Grundzug christlichen Glaubens sein personaler Charakter ist, dessen zentrale Formel nicht lautet: »Ich glaube etwas«,

---

[1] Karl Carstens, »Die Verantwortung des Christen in der heutigen Zeit – Kirche in der Demokratie«, in: Walter Bernhardt, u. a. (Hg.), *Glaube und Politik. Die Bad Bramstedter Gespräche 1985–86*, Neumünster 1987, S. 39–51, bes. S. 51.
[2] Joseph Ratzinger, *Einführung in das Christentum*, München 1968, S. 71–73.

sondern: »Ich glaube an dich ... Ich glaube an Jesus von Nazareth, als den Sinn *(Logos)* der Welt und meines Lebens. Und darum muss ich immer neu kämpfen und beten, weil ich von der Nacht des Zweifels und auch des Unglaubens nicht verschont bleibe.« Selbst Johannes der Täufer hat in einer dunklen Stunde gefragt: »Bist du es wirklich?« Und natürlich dürfen auch wir diese Frage stellen und uns immer wieder darum bemühen, in der Heiligen Schrift die richtige Antwort zu finden und danach zu handeln. Und obwohl oder vielleicht sogar gerade weil ich weiß, dass viele Menschen auf dieser Welt, die meinen Weg kreuzen, nur Hohn und Spott für meinen Glauben und meine Hoffnung haben, darf ich nicht wanken. Ich muss wissen, dass Kernthemen meines Glaubens wie »Erlösung, Sündenvergebung, Versöhnung mit Gott, Kreuz, Auferstehung« in unserer Gesellschaft keinen Raum mehr einnehmen, schon gar nicht in der medialen Welt, denn der »Glaube daran, dass Gott in Christus wirklich da ist, dass er uns real und schon in diesem Leben berühren, heilen, in ein neues, besseres Leben verwandeln kann, dieser Glaube scheint in unseren Breiten in den letzten Jahrzehnten mehr und mehr zu verdunsten«.[3] Aus Gottvergessenheit ist nicht selten Gottverdrängung, ja sogar Gottfeindschaft geworden. Aber wir müssen bereit sein, uns mit den Herausforderungen unserer Zeit auseinanderzusetzen und nicht von der Wahrheit abzurücken. Nicht das »So-sein-wollen-wie-alle-anderen« ist die Richtschnur, sondern mein Bemühen um eine echte Entscheidung für Gott, wofür ich immer wieder seine Gnade erbitten muss, »denn ohne die Gnade Gottes ist es nicht möglich, zu einem tiefen Glauben an Gott zu gelangen«.[4]

[3] Bischof Stefan Oster, »Das Kernproblem Gottvergessenheit«, in: *Die Tagespost*, 30. Dezember 2014.
[4] Peter Egger, *Chancen im Wertechaos. Die 10 Gebote in unserer Zeit*, Illertissen 2010, S. 35.

2. Moral

Das zweite Thema »Moral« versuche ich aus dem Natur-
rechtsverständnis Papst Benedikts XVI. zu beantworten. Für
ihn ist das Naturrecht nicht ein Katalog von Normen und
Pflichten, sondern eine Denkweise. Er sieht die Herkunft des
Naturrechts in dem von der Natur her gegebenen Recht, das
dem menschlichen Wesen innewohnt und deshalb auch nicht
zufällig in zahlreichen Verfassungen der Welt, oft einschließlich des Gottesbezuges, verankert ist. Selbstverständlich gibt
es Naturgesetze im Sinne physikalischer Funktionen, aber das
eigentliche Naturgesetz ist ein moralisches Gesetz. Die Natur
ist nicht Zufall oder Montage, sondern Schöpfung, in der sich
der *Creator Spiritus* ausdrückt. Ein Staat ist niemals Reich
Gottes, und er kann auch nicht selbst Moral hervorbringen.
Jede staatliche Verfassung ruht auf Grundlagen, die sie selbst
nicht vorschreiben kann, sondern voraussetzen muss. Und da
die Natur Schöpfung ist, ist Moral nicht Kerker des Menschen, sondern das Göttliche an ihm. Und wo dies nicht mehr
akzeptiert wird, bricht Chaos aus.[5]

In einer seiner letzten großen Reden als Papst sagte Benedikt XVI.: »Es gibt auch eine Ökologie des Menschen: Auch
der Mensch hat eine Natur, die er achten muss und die er
nicht beliebig manipulieren kann. Der Mensch ist nicht nur
sich selbst machende Freiheit. Der Mensch macht sich nicht
selbst. Er ist Geist und Wille, aber er ist auch Natur, und sein
Wille ist dann recht, wenn er auf die Natur achtet, sie hört,
und sich annimmt als der, der er ist und der sich nicht selbst

---

[5] S. hierzu besonders folgende Schriften von Joseph Ratzinger, »Der Mut zur
   Vollkommenheit und zum Ethos«, in: *Frankfurter Allgemeine Zeitung*,
   4. August 1984; »Abbruch und Aufbruch. Die Antwort des Glaubens auf
   die Krise der Werte«, in: *Eichstätter Hochschulreden*, 61/1988, und *Wendezeit für Europa? Diagnosen und Prognosen zur Lage von Kirche und
   Welt*, Einsiedeln 1992.

gemacht hat.«[6] Und dass es ein Recht gibt, das höher ist als alle Gesetze, hat zum Beispiel sogar ein alliiertes Gericht nach dem Zweiten Weltkrieg anerkannt, indem es in einem Prozess gegen »Euthanasie-Ärzte« diese mit der Begründung verurteilt hat, »dass der Staat niemals die alleinige Quelle des Rechts sei … Es gibt ein über den Gesetzen stehendes Recht, das allen formalen Gesetzen als letzter Maßstab dienen muss. Es ist das Naturrecht, das der menschlichen Rechtssatzung unabdingbare und letzte Grenzen zieht … Einer dieser in der Natur tief und untrennbar verwurzelten letzten Rechtssätze ist der Satz von der Heiligkeit des menschlichen Lebens und dem Recht der Menschen auf dieses Leben.«[7]

Und eine bekannte Feststellung Romano Guardinis soll die Gedanken hierzu abschließen: »Wenn Gott seinen Ort in der Welt verliert, verliert ihn auch der Mensch.«[8]

3. Schluss

Für uns Christen ist es nicht leichter geworden als früher, unseren Glauben zu leben, denn die Säkularisierung unserer Gesellschaften schreitet weiter voran, und die Freunde Gottes werden weniger. Aber gerade deshalb haben wir die Pflicht, uns nicht aus dieser Welt zurückzuziehen, sondern Hoffnung statt Pessimismus zu verbreiten. Die Situation ist auch nicht neu in unserer Kirche, denn schon vom heiligen Apostel Paulus kennen wir die Mahnung: »Denn es wird eine Zeit kommen, in

---

[6]   Rede von Papst Benedikt XVI. vor dem Deutschen Bundestag am 22. September 2011, in: *Verlautbarungen des Apostolischen Stuhls, Nr. 189, Apostolische Reise Seiner Heiligkeit Papst Benedikt XVI. nach Berlin, Erfurt und Freiburg, 22.–25. September 2011, Predigten, Ansprachen und Grußworte*, Sekretariat der Deutschen Bischofskonferenz (Hg.), Bonn 2011, S. 30.

[7]   Positionspapier der Lebensrechtsorganisation »Aktion Leben e. V. Deutschland«.

[8]   Romano Guardini, *Das Ende der Neuzeit*, Würzburg 1950.

der man die gesunde Lehre nicht erträgt, sondern sich nach eigenen Wünschen immer neue Lehrer sucht, die den Ohren schmeicheln, und man wird der Wahrheit nicht mehr Gehör schenken, sondern sich Fabeleien zuwenden« (2 Tim 4,3–4).

Deshalb sehen wir nicht weg, sondern wir mischen uns ein und wehren uns, wo es nötig ist. Wir müssen realisieren, dass der Mensch hochgradig gefährdet ist, weil sein Glaube, seine Würde, ja er selbst zerstört werden soll. Und gerade bei den vielfältigen Versuchen einer ethischen und moralischen Deformation unserer Gesellschaft dürfen wir niemals gleichgültig bleiben, denn es gibt keinen schlimmeren Verfall einer Gesellschaft als die Zerstörung des Menschen. »So wie sie mich verfolgt haben, so werden sie auch euch verfolgen«, hat Christus gesagt. Wir wissen es also, und deshalb lassen wir uns auch nicht einschüchtern, denn uns ist die Heilsbotschaft verkündet, an die wir glauben, und wir haben einen klaren missionarischen Auftrag. Die Werte Christi haben sich schon über zweitausend Jahre lang bewährt, und das macht uns Mut und stärkt unsere Hoffnung. Voraussetzung dafür ist aber, dass der Mensch einsieht und sich danach richtet, dass er Gott braucht. Papst Benedikt XVI. hat in seiner Ansprache im ökumenischen Gottesdienst im Augustinerkloster in Erfurt am 23. September 2011 gesagt: »Je weiter sich die Welt von Gott entfernt, desto klarer wird, dass der Mensch in der Hybris der Macht, in der Leere des Herzens und im Verlangen nach Erfüllung und Glück immer mehr das Leben verliert.«

Der zum Katholizismus übergetretene britische Schriftsteller Gilbert K. Chesterton hat einmal gesagt: »Wenigstens fünfmal ist mit den Arianern und Albigensern, den humanistischen Skeptikern, mit Voltaire und Darwin der Glaube allem Anschein nach vor die Hunde gegangen. Doch stets war es der Hund, der starb.« Ich bin davon überzeugt, dass eines Tages auch der sechste Hund des Relativismus sterben wird. Aber um das zu erreichen, müssen wir bereit sein, uns mit den Herausforderungen unserer Zeit auseinanderzusetzen und nicht von der Wahrheit abzurücken, die das in der Finsternis leuchtende Licht ist (vgl. Joh 1,5). Und seien wir gewiss: »Wo Gott ist, da ist Zukunft!« Auch heute noch! Aber dazu müssen wir alle als gläubige und betende Christen einen Beitrag leisten. Ein solch ehrlicher Beitrag ist wie Sauerteig, der bitter nötig ist.

Päpste als Mahner der Weltpolitik

Die Päpste Johannes Paul II., Benedikt XVI. und Franziskus haben wie viele andere Päpste vor ihnen in unterschiedlicher Weise ihren Einfluss auf die Weltpolitik ausgeübt. Das erfolgt nicht nur in Audienzen in Rom, deren Ergebnisse nicht bekannt werden, sondern auch in Reden vor großen internationalen Organisationen. Die Bedeutung dieser Ansprachen wird oft unterschätzt, zumal die veröffentlichte Meinung sie weitgehend auf wenige Schlagworte reduziert.

Behandelt werden hier drei Reden, jeweils eine von jedem der genannten Päpste, nämlich von:

- Papst Johannes Paul II. vor der Parlamentarischen Versammlung des Europarates in Straßburg am 8. Oktober 1988;
- Papst Benedikt XVI. vor der UN-Vollversammlung in New York am 18. April 2008;
- Papst Franziskus vor dem Europäischen Parlament in Straßburg am 25. November 2014.

Der heilige Papst Johannes Paul II. rückte Fragen der Erhaltung des Friedens, der Würde der Person, der Bedeutung der Familie sowie des Kerns der christlichen Botschaft in den Mittelpunkt seiner Rede.

Beim Thema »Frieden« würdigte er die Gründerväter Europas, Jean Monnet, Robert Schuman, Alcide De Gasperi und Konrad Adenauer, und forderte die Versammlung auf, »den auf die Gerechtigkeit begründeten Frieden zu festigen«. Der alte Kontinent Europa mit seiner stürmischen Geschichte müsse das Bewusstsein seiner »gemeinsamen Identität« zurückgewinnen, auch wenn diese »keine leicht zu bestimmende Wirklichkeit sei«.

Er erinnerte daran, dass die »biblische Auffassung vom Menschen« es den Europäern ermöglicht habe, »von der Würde der menschlichen Person eine hohe Vorstellung zu entwickeln«. Dabei verwies er auf das Gewissen als dem »Sitz einer verantwortungsvollen Freiheit«. Er würdigte in diesem Zusammenhang die Fortschritte der Wissenschaften, insbesondere der biologischen und medizinischen Disziplinen, ohne ihre Gefahren in der Anwendung zu verschweigen. Dabei sei es notwendig, »dass der Respekt der Menschenwürde nie außer Acht gelassen wird, vom Augenblick der Zeugung an bis zu den letzten Stadien der Krankheit oder den schlimmsten Zuständen geistiger Umnachtung«. Jeder Mensch behalte für immer »seinen Wert als Person, denn das Leben ist ein Geschenk Gottes«.

Besonders bemerkenswert sind seine Hinweise auf die schwieriger gewordene Situation der Familie. Wir erleben, sagte der Papst, »die Verbreitung von Auffassungen, welche die Liebe abwerten, die Sexualität von der Lebensgemeinschaft, deren Ausdruck sie ist, trennen und die dauerhaften Bande, zu denen eine wirklich menschliche Liebe verpflichtet, schwächen. Es besteht hier eine richtige Gefahr, denn die Familie schwächt sich ab und zerfällt. Die fallenden Bevölkerungskurven sind ein Anzeichen dafür, »dass die Familie eine besorgniserregende Krise erlebt«. Bei Betrachtung der heutigen Realität – 29 Jahre später! – erkennen wir, welche Gabe der Antizipation zukünftiger Entwicklungen dieser Papst besaß.

Schließlich legte Johannes Paul II. Wert auf die Feststellung, dass die Entwicklung des europäischen Kontinents immer auch von der christlichen Botschaft durchdrungen und beeinflusst war. Diese Botschaft vermittle »eine so enge Beziehung des Menschen mit seinem Schöpfer, dass sie alle Aspekte des Lebens aufwertet, vor allem das natürliche Leben: Der Körper und der Kosmos sind Geschenk Gottes.«

Eine letzte Aussage ist noch besonders bemerkenswert, weil sie seinem stetigen Wunsch entsprach, für den er leidenschaftlich kämpfte und auf dessen Verwirklichung er seine ganze Hoffnung setzte, für die er oft belächelt wurde, nämlich die in Europa begonnene Zusammenarbeit »mit den anderen Völkern, insbesondere denjenigen Mittel- und Osteuropas, vertieft zu sehen«, damit auch diese auf ein »Leben in Einheit und Solidarität hoffen« können. Nur gut zwei Jahre nach dieser Ansprache brach der Kommunismus in Europa zusammen.

Papst Benedikt XVI. hielt seine Rede vor der UN-Vollversammlung in New York am 18. April 2008, dem 60. Jahrestag der »Allgemeinen Erklärung der Menschenrechte«. Gleich zu Beginn seiner Ansprache bot er diesem »privilegierten Ort« an, die von der Kirche »entwickelte Erfahrung in ›der Menschlichkeit‹ einzubringen und sie allen Mitgliedern der internationalen Gemeinschaft zur Verfügung zu stellen«. Bei seinen unter dem Titel »Die Menschenrechte und die Suche nach dem Gemeinwohl« gestellten Ausführungen fordert er die Verantwortlichen der internationalen Politik auf, unter »Beachtung des Subsidiaritätsprinzips« die Ziele ihrer Politik, nämlich die »Förderung des Gemeinwohls« und die »Verteidigung der menschlichen Freiheit«, nicht aus den Augen zu verlieren. Wissenschaftliche Forschung und Entwicklung, Schöpfungsordnung und Schutz des Lebens, Naturrecht und Menschenrechte sowie die Religionsfreiheit waren seine zentralen Themen. Grundsatzorientiert, zweifelsfrei in der Diktion und theologisch klar begründet trug er seine Überzeugungen vor.

Er erkennt ausdrücklich die Ergebnisse und Vorteile der wissenschaftlichen Forschung und Entwicklung an, betont aber gleichzeitig die Gefahren ihrer Anwendung und mahnt, ihre Grenzen zu akzeptieren.

34

Die Schöpfungsordnung sei dann eindeutig verletzt, wenn die Anwendung der wissenschaftlichen Ergebnisse dem »unantastbaren Charakter des Lebens widerspricht« und darüber hinaus »die menschliche Person selbst und die Familie ihrer natürlichen Identität berauben«. Er erinnert dabei an das antike Völkerrecht *(ius gentium)* und sein Prinzip der »Schutzverantwortung«.

Der Schutz des Lebens sei geboten nach dem Prinzip der Person als Ebenbild des Schöpfers sowie der Sehnsucht nach dem Absoluten und dem Wesen der Freiheit. Die Würde des Menschen sei deshalb »Fundament und Ziel der Schutzverantwortung«, weil jede Person als »Ebenbild des Schöpfers« zu betrachten sei.

Deshalb seien die Menschenrechte ein Garant »für die Wahrung der Menschenwürde«.

Ihre Beachtung sei deshalb nicht diskussionswürdig, weil sie ihre Grundlage im Naturrecht habe. Mit seinen Inhalten und Folgen hat sich Papst Benedikt XVI. viele Jahre vor und während seines Pontifikats als Papst immer wieder befasst. Einen besonderen Höhepunkt dieser Auseinandersetzung hat er mit seiner Ansprache im Deutschen Bundestag während seines Deutschlandbesuches im September 2011 erreicht, als er entschieden darauf hingewiesen hat, dass auch der Mensch eine Natur habe, und er dabei den wunderbaren Begriff der »Ökologie des Menschen« geprägt hat.

Aufgrund des Naturrechts seien die Menschenrechte »universal« und ebenso »die menschliche Person, die das Subjekt dieser Rechte ist«. Selbstverständlich würden die Menschenrechte das Recht der Religionsfreiheit einschließen, deren Gewährleistung »nicht auf die freie Ausübung des Kultes beschränkt werden« dürfe, sondern »in richtiger Weise die öffentliche Dimension der Religion berücksichtigen« müsse, »also die Möglichkeit der Gläubigen, ihre Rolle im Aufbau der sozialen Ordnung zu spielen«. Darunter versteht er die

Erlaubnis für alle Frauen und Männer, in jedem Staat der Welt »ihren Weg des Glaubens und ihre Suche nach Gott in dieser Welt zu verfolgen«. Und sein Satz: »Es ist daher unbegreiflich, dass Gläubige einen Teil von sich – ihren Glauben – unterdrücken müssen, um aktive Bürger zu sein. Es sollte niemals erforderlich sein, Gott zu verleugnen, um in den Genuss der eigenen Rechte zu kommen«, zeichnet in seiner Eindeutigkeit den Papst besonders aus und ist in diesen Zeiten der erneuten Verfolgung von Christen in zahlreichen Ländern unserer Welt leider auch immer noch aktuell.

Papst Benedikt XVI. hat sich in dieser Rede erneut als ein Papst ausgezeichnet, der nicht nur theologisch brilliert hat, sondern in gesellschaftlichen und politischen Fragen einer der großen Mahner unserer Zeit war, nicht selten mit prophetischen Gaben wie sein Vorgänger auf dem Stuhle Petri.

Papst Franziskus hielt seine Ansprache vor dem Europäischen Parlament in Straßburg am 25. November 2014. Er warb für Ermutigung und Hoffnung und würdigte zahlreiche Entwicklungen der Vergangenheit in Europa, aber er sparte auch nicht mit deutlicher Kritik. Gleich zu Beginn seiner Rede sagte er über die Europäische Union: »Einer ausgedehnteren, einflussreicheren Union scheint sich ... das Bild eines etwas gealterten und erdrückten Europas zuzugesellen, das dazu neigt, sich in einem Kontext, der es oft nüchtern, misstrauisch und manchmal sogar argwöhnisch betrachtet, weniger als Protagonist zu fühlen. Von mehreren Seiten aus gewinnt man den Gesamteindruck der Müdigkeit, der Alterung, die Impression eines Europas, das Großmutter und nicht mehr fruchtbar und lebendig ist.« In dieser, einer ganz anderen Sprache – als die seiner Vorgänger – vorgetragenen starken Kritik präzisiert der Papst durch seine Verwerfung der praktizierten »egoistischen Lebensstile« den Vorwurf der Priorität von wirtschaftlichen und technischen Fragen zulasten der »anthropologischen

Orientierung«, der Behandlung des Menschen wie ein »Konsumgut«, das dann »ohne viel Bedenken ausgesondert wird wie im Fall der Kranken, der Kranken im Endstadium, der verlassenen Alten ohne Pflege oder der Kinder, die vor der Geburt getötet werden«. Gegen die »Verabsolutierung der Technik«, eine »Wegwerfkultur« und den »hemmungslosen Konsumismus« setzt er die Notwendigkeit, »die Kostbarkeit des menschlichen Lebens zu erkennen, das uns unentgeltlich geschenkt ist«.

Bei der Frage nach einer besseren Lösung verweist er mit dem Hinweis auf eine der berühmtesten Fresken Raffaels im Vatikan darauf, dass Europa aus einer »fortwährenden Begegnung zwischen Himmel und Erde« bestehen müsse, also sowohl aus einer Hinwendung zu Gott als auch aus seiner festen Absicht, sich um die Lösung der konkreten Probleme dieser Erde zu kümmern. Hier erwähnt er, wie auch Papst Johannes Paul II. in seiner Rede, die »Seele«, die Europa nie verlieren dürfe. Man hätte sich gut vorstellen können, dass er mit seiner berechtigten Mahnung, immer bereit zu sein, »sich der transzendenten Dimension des Lebens zu öffnen«, es deshalb auch für nicht akzeptabel halte, die Verbannung der Kreuze aus allen öffentlichen Einrichtungen in den Mitgliedstaaten zu fordern, die Verletzung der Würde von Ehe und Familie durch die konsequente Durchsetzung der Gender-Ideologie und die Abtreibung als Menschenrecht zu beschließen und bei der Vergabe von Finanzhilfen an Entwicklungsländer von diesen deren Zulassung zu verlangen, weil das Methoden des Kolonialismus sind. Im Humanismus des Christentums stand nämlich immer die Achtung der Würde des Menschen im Mittelpunkt. Das ist der Grund, weshalb Papst Franziskus daran erinnert, dass Gottvergessenheit immer zu Gewalt und Chaos führt.

Mutig war auch seine Erwähnung der Christenverfolgung heute mit den deutlichen Worten: »Gemeinschaften und

Einzelne, die sich barbarischer Gewalt ausgesetzt sehen: aus
ihrer Heimat vertrieben; als Sklaven verkauft; getötet, ent-
hauptet, gekreuzigt und lebendig verbrannt werden – unter
dem beschämenden und begünstigenden Schweigen vieler.«

Diese Reden zeigen, dass unsere Päpste unverzichtbare und
anerkannte Mahner der Weltpolitik sind.

Das »hörende Herz« König Salomons.
Die Ansprache Papst Benedikts XVI.
vor dem Deutschen Bundestag

1. Benedikt XVI. und seine Botschaften an die Politik

Die letzten öffentlichen Abschiedsworte von Papst Benedikt XVI. vom Balkon der päpstlichen Residenz in Castel Gandolfo im Februar 2013 waren: »Ich bin einfach ein Pilger, der nun die letzte Etappe seines Weges auf dieser Erde antritt.« Am 19. April 2005 war er zum 265. Papst in der Geschichte der katholischen Kirche gewählt worden und hat danach viele Menschen, die hören und verstehen wollten, in seinem fast achtjährigen Pontifikat als brillanter Denker und Theologe sowie als Lehrer des Glaubens von Weltrang tief beeindruckt. Christus, seine große Liebe, stand dabei immer im Mittelpunkt. Karl-Heinz Menke, Professor em. für Dogmatik an der Universität Bonn, schrieb anlässlich des fünften Jahrestages des Pontifikats von Benedikt XVI. am 15. April 2010: »Mehr als alle seine Vorgänger denkt und handelt dieser Papst aus Grundüberzeugungen. Er ist der Gelehrte auf dem Papstthron, der seine Antworten auf die konkreten Herausforderungen und Fragen der Gegenwart aus dem Glauben ableitet, dass es objektive Wahrheit gibt und dass diese Wahrheit offenbar geworden ist in den dreiunddreißig Jahren des Lebens, Leidens und Sterbens Jesu Christi.«[1] Über 600 Publikationen, darunter seine drei Bände über Jesus von Nazareth,

---

[1] Karl-Heinz Menke, »Theologie im Petrusamt«, in: *Rheinischer Merkur*, 15. April 2010.

drei Enzykliken und dreizehn Apostolische Schreiben legen davon ein beredtes Zeugnis ab.

Aber darüber hinaus gibt es auch viele Reden, die er während seiner zahlreichen Besuchsreisen gehalten hat. Seine Aufrufe zum Frieden sowie gegen Gewalt und Missachtung der menschlichen Würde standen dabei im Vordergrund. Hierbei richtete er sich oft an die Adresse der Politik und scheute keine Kritik, mit der er bestehende Missstände anprangerte. Er hatte selbst in seiner Jugendzeit den »braunen Terror« des Nazi-Regimes mit der »Bedrohung des Menschseins und des Glaubens« erlebt. In der 68er-Bewegung hat er die besondere Gefahr gesehen, dass diese »Reformbewegung in der Kirche eine gefährliche Anpassung an die Welt« bedeutet, und in der sogenannten Befreiungstheologie sah er »die Gefahr einer Politisierung des Glaubens und einer Sakralisierung der Politik«.[2] Dies waren Einschnitte in seinem Leben, die ihn geprägt haben und mit ein Grund waren, warum er immer wieder auf das Naturrecht verwiesen hat, das für ihn nicht ein Katalog von Normen und Pflichten, sondern eine Denkweise ist. Dabei sieht er die Herkunft des Naturrechts in dem von der Natur her gegebenen Recht, das dem menschlichen Wesen innewohnt und deshalb auch nicht zufällig in zahlreichen Verfassungen der Welt, oft einschließlich des Gottesbezuges, verankert ist. Person und Menschenwürde, Glaube und Vernunft sind Schlüsselbegriffe, auf die er in seinen Publikationen, Ansprachen und Vorträgen immer wieder hinweist.

Benedikt XVI. war also nicht nur theologisch brillant, sondern in gesellschaftlichen und politischen Fragen einer der großen Vordenker unserer Zeit, nicht selten mit prophetischen Gaben.

---

[2] Interview mit Siegfried Wiedenhofer, in: *Rheinischer Merkur*, 12. April 2007.

Eine seiner zahlreichen bedeutenden Reden, die einen besonderen Rang haben, möchte ich herausgreifen und bewerten, nämlich seine Ansprache vor dem Deutschen Bundestag 2011.

2. Hinführung zur Rede Benedikts XVI. im Deutschen Bundestag in Berlin am 22. September 2011

Vom 22. bis 25. September 2011 hat Benedikt XVI. in einer Apostolischen Reise seine deutsche Heimat besucht und dabei zahlreiche Predigten, Ansprachen und Grußworte gehalten.[3]

Vor seinem Besuch gab es eine Reihe von öffentlichen Protesten, die sich nicht selten in Hass gegen die katholische Kirche und den Papst entluden.

In Berlin formierte sich ein Aktionsbündnis »Der Papst kommt«, das sich »gegen die menschenfeindliche Geschlechter- und Sexualpolitik des Papstes« wandte, den sie »als einen der Hauptverantwortlichen für die Unterdrückung von Lesben, Schwulen und Transgender auf der Welt« verantwortlich machten.

Einige Abgeordnete des Deutschen Bundestages wollten nicht einmal die Toleranz aufbringen, sich die Rede des Papstes wenigstens anzuhören, was die meisten aber dann doch taten.

In Freiburg gab es wochenlang Leserbriefe in der regionalen Zeitung gegen den Besuch des Papstes mit der Begründung, der Sicherheitsaufwand und die Kosten seien nicht zu vertreten – eine Begründung, die wir vorher noch nie zum

---

[3] *Verlautbarungen des Apostolischen Stuhls, Nr. 189, Apostolische Reise Seiner Heiligkeit Papst Benedikt XVI. nach Berlin, Erfurt und Freiburg, 22.–25. September 2011, Predigten, Ansprachen und Grußworte,* a. a. O., S. 30–38.

Beispiel bei einem Fußballspiel oder einem Castor-Transport gehört hatten.

Schon seit vielen Jahren, bereits lange vor seiner Ernennung zum Papst, beschäftigte sich Joseph Ratzinger mit den Themen »Vernunft und Glaube/Religion« bzw. »Natur und Gewissen«. Aus seinen zahlreichen Schriften seien nur vier beispielhaft erwähnt, die den Zeitraum von 1984 bis 2004 umfassen und zeigen, dass das von ihm im Deutschen Bundestag behandelte Thema schon lange, bevor er Papst wurde, eine zentrale Rolle für ihn gespielt hat.

2.1 Wahrheit, Mehrheit und Gewissen

1984 stellt er in einem Beitrag in der *Frankfurter Allgemeinen Zeitung* die Frage, ob in Zeiten der Säkularisierung und der Diktatur des Relativismus die Annahme eines Naturrechts bzw. natürlichen Sittengesetzes noch aufrechtzuerhalten ist oder ob nicht alte moralische Gewissheiten längst zerbrochen sind. Er weist, nicht zum ersten Mal, darauf hin, dass der Staat »Kräfte von außerhalb seiner selbst braucht, um als er selbst bestehen zu können«.

Seine Überzeugung fasst er wie folgt zusammen: »Es führt kein Weg daran vorbei, dass wir uns wieder zu einer größeren Weite der Vernunft bekehren müssen, dass wir die moralische Vernunft wieder als Vernunft erlernen müssen. Für das Staatswesen heißt das, dass die Gesellschaft nie fertig ist, sondern immer wieder vom Gewissen her neu gebaut werden muss und nur von dorther gesichert werden kann. Das bedeutet des Weiteren, dass der grundlegende Akt für die Entwicklung und für das Überdauern gerechter Gesellschaften die moralische Erziehung ist, in der der Mensch den Gebrauch seiner Freiheit erlernt ...« Der Staat »muss erkennen, dass ein

Grundgefüge von christlich fundierten Werten die Voraussetzung seines Bestehens ist ... Er muss lernen, dass es einen Bestand von Wahrheit gibt, der nicht dem Konsens unterworfen
ist, sondern ihm vorausgeht und ihn ermöglicht.«[4]

2.2 Christlicher Glaube und öffentliche Vernunft

Am 26. November 1987 plädiert er im Rahmen der »Eichstätter Hochschulreden« für eine »Vernunft der Moral«, die
nicht als »Kerker der Menschen«, sondern geradezu als »das
Göttliche an ihm« zu verstehen sei, sowie für die »Vernunft
des Glaubens«, der nicht »Begrenzung oder Lähmung der Vernunft ist, sondern sie erst zu ihrem eigenen Werk frei macht«.[5]
Es gebe »nicht nur Naturgesetze im Sinne physikalischer Funktionen, sondern das eigentliche Naturgesetz ist ein moralisches Gesetz«. Der christliche Glaube sei nicht »eine Lähmung der Vernunft«, sondern ein »Vorposten menschlicher
Freiheit«.[6] Und er beendet seine Rede mit seinem Bekenntnis
zum christlichen Naturrechtsdenken: »Der Mensch braucht
das Ethos, um er selbst zu sein. Das Ethos aber braucht den
Schöpfungs- und den Unsterblichkeitsglauben, d. h. es braucht
die Objektivität des Sollens und die Endgültigkeit von Verantwortung und Erfüllung.«[7]
   Lothar Roos hat in seiner Auseinandersetzung mit der Frage, wie Benedikt XVI. das moralische Naturgesetz versteht, mit
Recht darauf hingewiesen, dass bei einer »Verengung der Vernunft auf die Wahrnehmung des Quantitativen« Werturteile

---

[4]   Joseph Kardinal Ratzinger, »Der Mut zur Unvollkommenheit und zum
      Ethos«, in: *Frankfurter Allgemeine Zeitung*, 4. August 1984.
[5]   Joseph Kardinal Ratzinger, »Abbruch und Aufbruch. Die Antwort des Glau-
      bens auf die Krise der Werte«, in: *Eichstätter Hochschulreden*, Heft 61,
      München 1988, S. 5–19, bes. S. 16.
[6]   *Ebd.*, S. 17.
[7]   *Ebd.*, S. 18.

und religiöse Überzeugungen »in den Bereich des ›Subjektiven‹« verbannt werden. »Nur die Überzeugung, dass es eine
von Gott geschaffene Vernunft gibt«, kann die »›Abschaffung
des Menschen‹ verhindern.«[8]

2.3 Verantwortung vor Gott und den Menschen

Auch in seinem 1991 erschienenen Buch *Wendezeit für
Europa?*[9], das Reden und Vorträge von Joseph Ratzinger zu
Themen des Verhältnisses von Kirche und Welt enthält, die
er in den Jahren zuvor gehalten hatte, widerspricht er der Behauptung des Szientismus, dass die Natur »eine vom Zufall
und seinen Spielregeln aufgebaute Montage« sei. Vielmehr
drücke sich Schöpfung in der Natur als der *Creator Spiritus*
aus. »Der Staat ist nicht das Reich Gottes ... er kann auch
nicht selber Moral hervorbringen. Er bleibt gerade dann ein
guter Staat, wenn er diese seine Grenzen einhält«, und er kann
»nur gut bleiben ... wenn die Grundlagen in Kräften sind, die
er nicht selbst hervorbringt«.[10] Seine Überzeugung lautet:
»Die Verfassung ruht auf Grundlagen, die sie selbst nicht vorschreiben kann, sondern voraussetzen muss.«[11] Das haben
auch die Verfassungsgeber unseres Grundgesetzes in der Präambel gemeint, die mit dem Satz beginnt: »Im Bewusstsein
seiner Verantwortung vor Gott und den Menschen ... hat sich
das Deutsche Volk ... dieses Grundgesetz gegeben.«[12] Und

---

[8] Lothar Roos, »Was allen Menschen wesensgemäß ist – Das moralische Naturgesetz bei Papst Benedikt XVI.«, in: *Kirche und Gesellschaft*, Nr. 330,
Köln 2006, S. 3–16, bes. S. 4.
[9] Joseph Kardinal Ratzinger, *Wendezeit für Europa? Diagnosen und Prognosen zur Lage von Kirche und Welt*, a. a. O.
[10] *Ebd.*, S. 100.
[11] *Ebd.*, S. 109.
[12] Grundgesetz der Bundesrepublik Deutschland vom 23. Mai 1949, Präambel.

aufgrund dieser Überzeugung formuliert Ratzinger die wunderschönen Sätze: »Moral ist nicht Kerker des Menschen, sondern das Göttliche an ihm«[13] und: »Wo Gott ausgeschlossen wird, ist das Prinzip Räuberbande – in unterschiedlich krassen oder gemilderten Formen – gegeben. Das beginnt sichtbar zu werden dort, wo das geordnete Umbringen unschuldiger Menschen – Ungeborener – mit dem Schein des Rechts umkleidet wird, weil es die Deckung des Interesses einer Mehrheit hinter sich hat.«[14] Hier befindet er sich im Übrigen in voller Übereinstimmung mit dem sogenannten »Böckenförde-Diktum« des früheren deutschen Bundesverfassungsrichters Ernst-Wolfgang Böckenförde, das lautet: »Der freiheitliche säkularisierte Staat lebt von Voraussetzungen, die er selbst nicht garantieren kann.«[15]

2.4 Korrelation zwischen Glaube und Vernunft

2004 schließlich führte Joseph Ratzinger einen Dialog mit Jürgen Habermas, der weltweit für Aufsehen sorgte. Während Habermas in diesem Gespräch für »die praktische Vernunft eines nachmetaphysischen säkularen Denkens« plädiert, steht bei Ratzinger »die jeder rationalen gemeinschaftlichen Festsetzung vorausliegende Wirklichkeit des Menschen von seinem Schöpfer her« im Mittelpunkt. Aufgrund dieser Prämisse treibt ihn die Frage nach dem Recht und seinen Grundlagen um, ohne die ein Staat dauerhaft und menschenwürdig nicht funktionieren kann. Ratzinger verteidigt ein Recht, »das aus der Natur, dem Sein des Menschen selbst folgt«. Dabei stellt er mit Bedauern fest, dass »das Naturrecht, welches früher als feste Größe galt«, nur noch »als Argumentationsfigur«

---

13 Ebd., S. 26.
14 Ebd., S. 96.
15 Ernst-Wolfgang Böckenförde, Staat, Gesellschaft, Freiheit, a. a. O., S. 60.

geblieben, aber »leider stumpf geworden« sei. Das sei eine Folge der Evolutionstheorie, die er für falsch hält und gegen die er seine eigene Position stellt: »Wir sind nicht das zufällige und sinnlose Produkt der Evolution. Jeder von uns ist Frucht eines Gedankens Gottes. Jeder ist gewollt, jeder ist geliebt, jeder ist gebraucht.«[16] Deshalb ist die Menschlichkeit des Naturrechtsgedankens für ihn so entscheidend, weshalb er sie auch in seiner Rede vor dem Deutschen Bundestag in den Mittelpunkt rückt. Und dabei kommt es ihm ganz entscheidend auf eine »notwendige Korrelationalität von Vernunft und Glaube, Vernunft und Religion« an, die »zu gegenseitiger Reinigung und Heilung berufen sind und sich gegenseitig brauchen und das gegenseitig anerkennen müssen«.[17]

3. Ansprache im Deutschen Bundestag in Berlin am 22. September 2011

Die Ansprache des Papstes vor den Abgeordneten des Deutschen Bundestages greift genau diese vorher aufgezeigten zentralen Fragen auf. Sein wesentliches Anliegen war es, »Gedanken über die Grundlagen des freiheitlichen Rechtsstaates« vorzutragen.[18] Der Papst erzählt eine kleine Geschichte aus der Heiligen Schrift, aus dem ersten Buch der Könige. Salomon bittet Gott, bevor er zum König gekrönt wird, ihm in

---

[16] Predigt von Papst Benedikt XVI. in der heiligen Messe bei seiner Amtseinführung am 24. April 2005 in Rom, in: *Verlautbarungen des Apostolischen Stuhls, Nr. 168, Der Anfang – Papst Benedikt XVI. – Joseph Ratzinger, Predigten und Ansprachen April/Mai 2005*, Sekretariat der Deutschen Bischofskonferenz (Hg.), Bonn 2005, S. 30–36, bes. S. 35.

[17] Florian Schuller, Vorwort, in: Jürgen Habermas/Joseph Ratzinger, *Dialektik der Säkularisierung, Über Vernunft und Religion*, Freiburg 2011.

[18] Ansprache von Papst Benedikt XVI. im Deutschen Bundestag, in: *Verlautbarungen des Apostolischen Stuhls, Nr. 189, Apostolische Reise Seiner Heiligkeit Papst Benedikt XVI. nach Berlin, Erfurt und Freiburg, 22.–25. September 2011, Predigten, Ansprachen und Grußworte*, a. a. O., S. 30.

seiner Regentschaft ein »hörendes Herz« zu verleihen. Daraus leitet der Papst für die Abgeordneten die Regel ab, dass der Grund für die Arbeit und letzter Maßstab des Wirkens eines Politikers »nicht der Erfolg und schon gar nicht materieller Gewinn« sein darf, sondern dass Politik »Mühen um Gerechtigkeit«[19] sein muss. Dann wird er noch deutlicher: »Dem Recht zu dienen und der Herrschaft des Unrechts zu wehren ist und bleibt die grundlegende Aufgabe des Politikers.«[20] Und er fragt: »Wie erkennen wir, was recht ist?« In seiner Antwort unterscheidet er zwischen zwei Kategorien, nämlich solchen, bei denen »die Mehrheit ein genügendes Kriterium« sein kann, und anderen, »in denen es um die Würde des Menschen und der Menschheit geht«[21], bei denen das in Demokratien angewandte Mehrheitsprinzip als Entscheidungsgrundlage nicht ausreicht. Was aber ist recht in diesen wichtigen Fragen? Früher seien es die Grundbegriffe Natur und Gewissen gewesen (also das erbetene »hörende Herz« des Salomon), aber im letzten halben Jahrhundert habe es hier eine dramatische Veränderung gegeben. »Der Gedanke des Naturrechts gilt heute als katholische Sonderlehre«, weil inzwischen in weiten Teilen von Gesellschaft und Politik ein »positivistisches Verständnis von Natur«[22] herrscht. Dies bedeutet: Die Natur wird »rein funktional« gesehen, und deshalb gibt es »keine Brücke zu Ethos und Recht«. »Was nicht verifizierbar oder falsifizierbar ist, gehört danach nicht in den Bereich der Vernunft im strengeren Sinne. Deshalb müssen Ethos und Religion dem Raum des Subjektiven zugewiesen werden und fallen aus dem Bereich der Vernunft im strengen Sinne des Wortes heraus.«[23] Der Papst erkennt die positivistische

---

[19] *Ebd.,* S. 30 f.
[20] *Ebd.,* S. 31.
[21] *Ebd.,* S. 32.
[22] *Ebd.,* S. 34.
[23] *Ebd.,* S. 35.

Weltsicht als *einen* wichtigen und unverzichtbaren Aspekt
ausdrücklich an. Aber er allein könne keine »dem Menschen
in seiner Weite entsprechende und genügende Kultur« hervorbringen, sondern dazu gehörten »alle übrigen Einsichten und
Werte unserer Kultur«, und diese dürften auf gar keinen Fall
in die »Kulturlosigkeit« oder in den »Status einer Subkultur«[24]
verbannt werden. Es gebe keine Begründung für eine Allein-
herrschaft des Rechtspositivismus und eine damit verbunde-
ne Disqualifikation und Ablehnung des Naturrechts. Eine sich
»exklusiv gebende positivistische Vernunft« gleiche »den Be-
tonbauten ohne Fenster«. Und deshalb: »Die Fenster müssen
wieder aufgerissen werden, wir müssen wieder die Weite der
Welt, den Himmel und die Erde sehen und all dies recht zu
gebrauchen lernen.«[25] Und wie geht das? Antwort: »Es gibt
auch eine Ökologie des Menschen ... Der Mensch ist nicht
nur sich selbst machende Freiheit ... Er ist Geist und Wille,
aber er ist auch Natur, und sein Wille ist dann recht, wenn
er auf die Natur achtet, sie hört und sich annimmt als der,
der er ist und der sich nicht selbst gemacht hat.«[26] In diesem
Zusammenhang weist Benedikt XVI. auf den bedeutenden
Vertreter des Rechtspositivismus, Hans Kelsen (1881–1973),
hin, der gesagt hat, »dass Normen nur aus dem Willen kommen können. Die Natur könnte folglich Normen nur enthalten ... wenn ein Wille diese Normen in sie hineingelegt hätte. Dies wiederum ... würde einen Schöpfergott voraussetzen,
dessen Wille in die Natur miteingegangen ist.« Zu der Aussage Kelsens, dass es aussichtslos sei, über die Wahrheit dieses Glaubens zu diskutieren, bemerkt Benedikt XVI: »Ist es
wirklich sinnlos zu bedenken, ob die objektive Vernunft, die
sich in der Natur zeigt, nicht eine schöpferische Vernunft, einen *Creator Spiritus,* voraussetzt?« Und mit dem Hinweis auf

---

[24] *Ebd.,* S. 35 f.
[25] *Ebd.,* S. 36.
[26] *Ebd.,* S. 37.

das kulturelle Erbe Europas fasst er zusammen: »Von der
Überzeugung eines Schöpfergottes her ist die Idee der Menschenrechte, die Idee der Gleichheit aller Menschen vor dem
Recht, die Erkenntnis der Unantastbarkeit der Menschenwürde in jedem einzelnen Menschen und das Wissen um die Verantwortung der Menschen für ihr Handeln entwickelt worden.
Diese Erkenntnisse der Vernunft bilden unser kulturelles Gedächtnis. Es zu ignorieren oder als bloße Vergangenheit zu
betrachten, wäre eine Amputation unserer Kultur insgesamt
und würde sie ihrer Ganzheit berauben.«[27] Die Erkenntnisse
Jerusalems (der »Gottesglaube Israels«), Athens (die »philo-
sophische Vernunft der Griechen«) und Roms (das »Rechts-
denken«) haben die Kultur Europas gestaltet. »Sie hat im Bewusstsein der Verantwortung vor Gott und in Anerkennung
der unantastbaren Würde des Menschen, eines jeden Menschen, Maßstäbe des Rechts gesetzt, die zu verteidigen uns in
unserer historischen Stunde aufgegeben ist.«[28]

4. Bewertungen der Grundpositionen Benedikts XVI.

Selbstverständlich hat der Papst mit seiner Ansprache durch
seine Hinweise auf das »hörende Herz« König Salomons auf
die christliche Tradition und Kultur Europas aufmerksam machen wollen. Darüber hinaus hat er mit seinen grundsätzlichen Anmerkungen über das Naturrecht, die Ökologie des
Menschen und seine Würde sowie über den Zusammenhang
von objektiver und subjektiver Vernunft, von Vernunft und
Glaube, Vernunft und Natur, Natur und Gewissen gleichzeitig seine berechtigte Sorge wegen des mangelnden Schutzes
von Ehe und Familie zum Ausdruck gebracht. Er hat den
Menschen unmissverständlich davor gewarnt, die Axt an den

---

[27] *Ebd.*, S. 37 f.
[28] *Ebd.*, S. 38.

Baum des Lebens zu legen und Schöpfer spielen zu wollen, weil er mit der Rolle als Geschöpf Gottes nicht mehr zufrieden ist (Stichworte zum Beispiel: Abtreibung, Stammzellenforschung, Präimplantationsdiagnostik, Reproduktionsmedizin, aktive Sterbehilfe, Gender-Mainstreaming, gleichgeschlechtliche Lebenspartnerschaften, Abwertung von Ehe und Familie sowie Sexualisierung von Kindern und Pädophilie; die Aufhebung des Inzesttabus und das Einfrieren von Eizellen, das sogenannte *Social Freezing*, waren 2011 noch kein Thema). Er hat dazu aufgefordert, Kurs zu halten, und hatte dabei besonders den Politiker im Blick, der Entscheidungen für das Gemeinwohl fällt und Gesetze beschließt. Er hat ihn ermahnt, sich nicht dem Zeitgeist und einem Relativismus zu unterwerfen, weil diese Entwicklungen allein von einer positivistischen Weltsicht beherrscht werden, die für den Menschen verheerend ist.

Bereits in der heiligen Messe zur Wahl des neuen Papstes 2005 hatte Joseph Ratzinger gesagt: »Wie viele Glaubensmeinungen haben wir in diesen letzten Jahrzehnten kennengelernt, wie viele ideologische Strömungen, wie viele Denkweisen ... Das kleine Boot des Denkens vieler Christen ist nicht selten von diesen Wogen zum Schwanken gebracht, von einem Extrem ins andere geworfen worden: vom Marxismus zum Liberalismus bis hin zum Libertinismus; vom Kollektivismus zum radikalen Individualismus; vom Atheismus zu einem vagen religiösen Mystizismus; vom Agnostizismus zum Synkretismus, und so weiter. Jeden Tag entstehen neue Sekten, und dabei tritt ein, was der heilige Paulus über den Betrug unter den Menschen und über die irreführende Verschlagenheit gesagt hat (vgl. Eph 4,14). Einen klaren Glauben nach dem Credo der Kirche zu haben, wird oft als Fundamentalismus abgestempelt, wohingegen der Relativismus, das sich ›vom Windstoß irgendeiner Lehrmeinung Hin-und-hertreiben-Lassen‹, als die heutzutage einzige zeitgemäße Haltung

erscheint. Es entsteht eine Diktatur des Relativismus, die
nichts als endgültig anerkennt und als letztes Maß nur das eigene Ich und seine Gelüste gelten lässt. Wir haben jedoch ein
anderes Maß: den Sohn Gottes, den wahren Menschen. Er ist
das Maß des wahren Humanismus.«[29]

Schon ein Jahr vor seinem Deutschlandbesuch hatte der
Papst in seiner Ansprache im Vatikan an Herrn Walter Jürgen Schmid, damals neuer Botschafter beim Heiligen Stuhl,
unmissverständlich erklärt, dass die katholische Kirche die
Entwicklungen im Lebensschutz und bei Ehe und Familie in
Deutschland nicht akzeptieren kann. Diese Gesetze »tragen
zu einer Aufweichung naturrechtlicher Prinzipien und damit
der Relativierung der gesamten Gesetzgebung, aber auch zu
einer Verschwommenheit der Wertvorstellungen in der Gesellschaft bei ... Der Mensch hat immer Vorrang gegenüber
anderen Zwecken. Die neuen Möglichkeiten von Biotechno-
logie und Medizin führen uns hier oft in komplexe Situationen, die einer Wanderung auf schmalem Grat gleichen. Wir
haben die Pflicht, genau zu prüfen, wo solche Verfahren eine
Hilfe für den Menschen sein können und wo es um Manipulation des Menschen, um eine Verletzung seiner Integrität und
Würde geht. Wir können uns diesen Entwicklungen nicht verweigern, müssen aber sehr wachsam sein. Wenn man einmal
damit beginnt, und oft geschieht dies schon im Mutterleib,
zwischen lebenswertem und lebensunwertem Leben zu unterscheiden, wird keine andere Lebensphase ausgespart bleiben,
gerade auch Alter und Krankheit nicht.«[30] Benedikt XVI. be-
drückte es also zutiefst, in welcher Weise christliche Grundüberzeugungen in unserem Land aufgeweicht worden oder
schon gänzlich auf der Strecke geblieben sind.

[29] Benedikt XVI., *Missa pro eligendo Romano Pontifice*, 18. Mai 2005.
[30] Ansprache des Heiligen Vaters Papst Benedikt XVI. an Herrn Walter Jürgen Schmid, Botschafter der Bundesrepublik Deutschland beim Heiligen
Stuhl, 13. September 2010.

Die Vermittlung dieser Botschaft war sein zentrales Anliegen in Berlin, und deshalb hat er in seiner Rede im Deutschen Bundestag am 22. September 2011 für alle, besonders für die Mitglieder der Legislative, ein »hörendes Herz« erbeten, also »die Fähigkeit, Gut und Böse zu unterscheiden und so wahres Recht zu setzen, der Gerechtigkeit zu dienen und dem Frieden«.[31]

Welchen zentralen Stellenwert die Frage nach dem wahren Menschen für ihn einnimmt, hat der emeritierte Papst noch im Herbst 2014 in einer Botschaft an die Päpstliche Universität Urbaniana anlässlich der feierlichen Eröffnung ihrer restaurierten »Aula Magna« zum Beginn des akademischen Jahres 2014/2015 wie folgt zum Ausdruck gebracht: »In der Gegenwart werden die Stimmen lauter, die uns einreden wollen, dass Religion an sich überholt sei. Nur die kritische Vernunft dürfe das Handeln der Menschen bestimmen. Hinter solchen Auffassungen steht die Meinung, mit dem positivistischen Denken sei nun die Vernunft in ihrer ganzen Reinheit endgültig zur Herrschaft gekommen. In Wirklichkeit ist auch diese Art zu denken und zu leben historisch bedingt und an historische Kulturen gebunden. Sie als allein gültig zu betrachten, würde den Menschen verkleinern und ihm wesentliche Dimensionen seiner Existenz nehmen. Wo das Ethos in seinem über das Pragmatische hinausweisenden wahren Wesen und der Blick auf Gott keinen Raum mehr finden, ist der Mensch nicht größer, sondern kleiner geworden. Die positivistische Vernunft hat ihren Ort in den großen Handlungsfeldern von Technik und Wirtschaft, aber sie füllt nicht das Ganze des Menschen aus.«[32] Immer wieder hat es während des Pontifikats von Benedikt XVI., natürlich auch schon vor

---

[31] *Verlautbarungen des Apostolischen Stuhls, Nr. 189, Apostolische Reise Seiner Heiligkeit Papst Benedikt XVI. nach Berlin, Erfurt und Freiburg, 22.–25. September 2011, Predigten, Ansprachen und Grußworte,* a.a.O., S. 38.

[32] Benedikt XVI., »Die wahre Religion«, in: *Die Tagespost*, 25. Oktober 2014.

seiner Rede im Deutschen Bundestag 2011, Kritik an seinen ethischen und moralischen Auffassungen gegeben, vor allem bezüglich seiner Absichten, das Naturrechtsdenken zu revitalisieren und das bei politischen Entscheidungen in Demokratien übliche Mehrheitsprinzip zu relativieren. Es ist lohnenswert, sich näher mit diesen beiden Fragen zu beschäftigen, die zusammengehören und nicht voneinander zu trennen sind. Einige Meinungen hierzu sollen vorgestellt werden:

Es gibt ein sehr schönes Wort bei Scott Hahn, Benjamin Wiker in ihrer Auseinandersetzung mit der Gottesleugnung von Richard Dawkins, das lautet: »Die göttlichen Gebote sind ... in der Natur verwurzelt (und hier nehmen wir die Position des katholischen Naturrechts ein, das besagt, dass Gottes moralische Gebote in der Natur zum Ausdruck kommen, nicht durch willkürliche Setzungen). Um dafür ein offenkundiges Beispiel zu geben: ›Du sollst nicht töten‹ ist ein Gebot, das allein die Menschen betrifft, eben weil sie Menschen sind ... Ein anderes Beispiel ist die Ehe, die in gewisser Weise eine heilige Einrichtung ist, die zwar auf die Unterscheidung zwischen Männchen und Weibchen im Tierreich zurückgeht, aber auch weit darüber hinausgeht, weil zu ihr eine Treue gehört, die viel mehr durch den Schöpfer als durch bloße Fortpflanzung bestimmt ist. Diese Gebote sind unverletzlich, weil sie in der menschlichen Natur verwurzelt sind, die dadurch definiert ist, dass sie in ihrem Sein als Abbild Gottes geschaffen wurde. Menschen haben daher Anteil an Gottes eigener, heiliger Unverletzlichkeit. Daher ist auch das moralisch Gute und Böse in der geschaffenen Natur verwurzelt.«[33]

Joachim Kardinal Meisner hat bezüglich dieser Frage schon 2001 festgestellt: »Es geht nicht um eine katholische Sonderethik, sondern um den rechten Gebrauch der Vernunft.«[34]

---

[33] Scott Hahn, Benjamin Wiker, *Antwort auf den neuen Atheismus – Gegen Richard Dawkins' Gottesleugnung*, Illertissen 2012, S. 153 f.
[34] Joachim Kardinal Meisner, in: *Die Tagespost*, 23. Juni 2001.

Lothar Roos verweist in einem Beitrag von 2004 zu dieser Thematik sowohl auf die heiligen Päpste Johannes XXIII. *(Pacem in Terris)* als auch auf Johannes Paul II. *(Fides et Ratio)* mit der Feststellung, dass es ein »Festhalten an einer objektiven Wahrheit« geben muss und »wir nur mithilfe der uns vom Schöpfergott geschenkten natürlichen Vernunft die Unterscheidung von Gut und Böse vornehmen« können.[35] Wir sind wie Roos in der Frage dieser Unterscheidung eben nicht der Auffassung von Rousseau, dass alles das gut ist, was *die Volonté générale* (»der Gemeinwillen des Volkes«) dafür hält, oder, in die heutige Sprache übersetzt, was eine Mehrheit beschließt, sondern »dass es eine mit der menschlichen Natur gegebene, nicht mehr hinterfragbare Würde jedes Menschen ... gibt«.[36] Dies heißt nichts anderes, als dass nicht alles, was möglich und machbar ist, ohne Frage nach der ethischen Qualität beschlossen und verwirklicht werden darf – auch dann nicht, wenn es eine Mehrheit dafür gibt. Und auch wenn das den Verteidigern dieser Position oft vorgeworfen wird: Das hat nichts mit Fundamentalismus zu tun!

Die Verfassungsgeber unseres Grundgesetzes haben aufgrund der historischen Erfahrungen vier Jahre nach Ende des Zweiten Weltkrieges nicht zufällig den ersten Satz in der Präambel so formuliert: »Im Bewusstsein seiner Verantwortung vor Gott und den Menschen ...« und in den Grundrechten in Artikel 1 festgestellt: (1) »Die Würde des Menschen ist unantastbar ...« sowie (2) »Das Deutsche Volk bekennt sich darum zu unverletzlichen und unveräußerlichen Menschenrechten als Grundlage jeder menschlichen Gemeinschaft, des Friedens und der Gerechtigkeit in der Welt.«[37]

---

[35] Lothar Roos, »Die politische Verantwortung des Christen unter Bedingungen von Pluralismus, Laizismus und Relativismus«, in: *Unitas*, 2004, S. 184 f.
[36] *Ebd.*, S. 185.
[37] *Grundgesetz für die Bundesrepublik Deutschland*, Präambel und Art. 1.

Dass es ein Recht gibt, nämlich das Naturrecht als Gottes-
recht, das höher ist als alle Gesetze, einschließlich seiner Akzeptanz, wird zum Beispiel darin deutlich, dass 1954 die
Strafrichter des Bundesgerichtshofes die Auffassung vertraten, dass jeder Selbstmord verboten sei und es die sittliche
Ordnung verlange, »dass sich der Verkehr der Geschlechter
grundsätzlich in der Einehe vollziehe, weil der Sinn und die
Folge des Verkehrs das Kind« sei.[38] Ist es 63 Jahre später nicht
einmal mehr erlaubt, daran zu erinnern?

Die Tatsache, dass Benedikt XVI. politische Entscheidungen in einem demokratischen Staat noch nicht deshalb für gut
und richtig hält, weil sie »formal korrekt durch demokratisch
legitimierte parlamentarische Mehrheiten getroffen« worden
sind, hat nichts damit zu tun, wie ihm häufiger unterstellt
worden ist, dass er gegenüber der Demokratie negativ einge-
stellt sei, sondern beruht nach Stefan Ahrens lediglich darauf,
dass er »Fehlentwicklungen innerhalb des aufgeklärten Denkens« benennt und dazu auch den Positivismus und den Em-
pirismus zählt, die »zu einem veränderten, szientistisch-in-
strumentellen Vernunftverständnis geführt haben«.[39] In einem
Beitrag über das moralische Naturgesetz von Benedikt XVI.
hat Lothar Roos die anthropologischen Grundlagen der mit
der Natur des Menschen gegebenen *conditio humana* in folgenden drei Punkten zusammengefasst:[40]

– das »Selbstverständnis des Menschen als moralisches Wesen«;[41]

---

[38] Walter Grasnick, »Ab mit Würde«, in: *Frankfurter Allgemeine Zeitung*,
      7. Oktober 2003.
[39] Stefan Ahrens, »Zur Legitimation demokratischer Ordnung bei Joseph Rat-
      zinger/Benedikt XVI. Ein Kreuzzug gegen die politische Moderne?«, in: *Die
      Neue Ordnung*, 68. Jg., Heft 4, 2014, S. 244–255, bes. S. 249–251.
[40] Lothar Roos, »Was allen Menschen wesensgemäß ist – Das moralische
      Naturgesetz bei Papst Benedikt XVI.«, in: *Kirche und Gesellschaft*, Heft
      Nr. 330, S. 13–16.
[41] *Ebd.*, S. 5.

– der Mensch hat sich »unabhängig von Raum und Zeit stets in gleicher Weise zu bewähren«;[42]
– durch »Grundvertrauen in die Vernunft«.[43]

Eben deshalb ist bei Benedikt XVI. die Natur »Schöpfung« und das »eigentliche Naturgesetz ... ein moralisches Gesetz«.[44] Die »wirkliche und schlimmste Bedrohung unserer Zeit«, so sagt Joseph Ratzinger, liegt in dem »Ungleichgewicht zwischen technischen Möglichkeiten und moralischer Stärke«.[45]

Auch Joachim Detjen hat Ende der 80er-Jahre klargestellt, dass es ohne unverletzliche und unveräußerliche Menschenrechte »keinen Schutz vor dem Willen eines Einzelnen oder einer Mehrheit« gebe.[46] Und der Rechtsgelehrte Martin Kriele sagt in seiner Staatslehre unzweideutig, dass Menschenrechte Naturrecht sind. Sie »gelten zeitlich gesehen ewig, räumlich gesehen überall auf der Welt, sie sind in der Natur oder in Gottes Schöpfung verwurzelt, sie haben den Charakter der Heiligkeit oder Unverbrüchlichkeit«.[47]

Geradezu abstoßend wirkt es dagegen, wenn der britischdeutsche Journalist Alan Posener in einem 2009 erschienenen Buch behauptet: »Die benediktinische Wende bedeutet: Abkehr von der Moderne, Rollback der Aufklärung, Einschränkung der Demokratie, Abschied vom wissenschaftlichen Denken, Schluss mit der Emanzipation der Frau und der sexuellen Selbstbestimmung des Menschen. Sie bedeutet eine massive Umdeutung der Geschichte und eine Umwertung aller Werte ... Benedikts Kreuzzug bedeutet ... die Verneinung von allem, was den Westen bei aller Unzulänglichkeit zur

---

[42] *Ebd.*, S. 6.
[43] *Ebd.*, S. 6.
[44] *Ebd.*, S. 7.
[45] Vortrag von Joseph Kardinal Ratzinger kurz vor seiner Wahl zum Papst in Subiaco am 1. April 2005, in: *Medizin und Ideologie*, 3/2005, S. 18.
[46] Joachim Detjen, *Neopluralismus und Naturrecht*, Paderborn 1988, S. 639.
[47] Martin Kriele, *Einführung in die Staatslehre*, Stuttgart 1994, S. 132.

liebens- und lebenswertesten Gesellschaft macht, die unser Planet bislang gekannt hat.«[48] Da hier offensichtlich Blindheit und Hass die Feder geführt haben, verbietet sich eine Kommentierung.

Kopfschütteln ruft aber auch ein Beitrag von Stephan Goertz, Professor für Moraltheologie (!) in Mainz, hervor, den er kurz vor dem Besuch von Benedikt XVI. in Deutschland im September 2011 veröffentlicht hat.[49] Er behauptet, dass die Theologie dieses Papstes »ohne human- oder sozialwissenschaftliche Vermittlung« auskommt und bemerkt: »Wir haben bei Ratzingers Begriff der Moderne so etwas wie einen blinden Fleck zu konstatieren.«[50] Das über die klugen Gedanken eines Papstes zu sagen, von dem man nachweislich behaupten kann, dass kaum ein anderer so differenziert in zahlreichen Veröffentlichungen und Reden über das Verhältnis von Glaube und Vernunft sowie über Vernunft und Naturrecht nachgedacht hat wie Benedikt XVI., ist überheblich und auch falsch. Joseph Ratzingers Theozentrik gegen die Autonomie der Gesellschaft und des Einzelnen auszuspielen, macht schon deshalb keinen Sinn, weil in mehreren empirischen Untersuchungen zweifelsfrei nachgewiesen ist, dass eine gottlose Gesellschaft zu einem signifikanten Moralverfall führen würde.

Selbst der frühere Politiker der »Grünen« und ehemalige deutsche Außenminister Joschka Fischer hatte erkannt: »Eine Ethik, die sich nicht auf die tiefer reichende, normative Kraft einer verbindlichen Religion ... stützen kann, wird es schwer

---

[48] Alan Posener, »Kreuzzug gegen die Moderne«, in: *Benedikts Kreuzzug. Der Angriff des Vatikans auf die moderne Gesellschaft*, Berlin 2009, S. 18.
[49] Stephan Goertz, »Theozentrik oder Autonomie? Zur Kritik und Hermeneutik der Moral der Moderne bei Joseph Ratzinger/Benedikt XVI.«, in: *ETHICA*, 19 (2011) 1, S. 51–83.
[50] *Ebd.*, S. 74.

haben, sich in der Gesellschaft durchzusetzen und von Dauer zu sein ...«[51]

Welche Aufmerksamkeit die Ansprache Papst Benedikts XVI. im Deutschen Bundestag in Berlin am 22. September 2011 ausgelöst hat, wird nicht zuletzt daran deutlich, dass es ein eigenes Buch nur zu dieser Rede mit zehn Beiträgen von zehn Autoren aus vier Ländern (Deutschland, Italien, Niederlande und Österreich) gibt.[52] Die Beurteilungen der Autoren gehen weit auseinander. Beispielhaft seien nur je eine negative und eine positive Stimme zitiert. Es bleibt dabei dem Leser überlassen, sich selbst ein Urteil zu bilden:

– »Nicht zuletzt der Umstand, dass Benedikt XVI. die in der ›Moderne‹ erhobenen Ansprüche prinzipiell infrage stellt, seine Fundierung der Gottesthematik hingegen auf unzureichende bzw. obsolet gewordene Begründungsfiguren stützt, weist wohl auf eindringliche Weise diese ›Glaubenskrise‹ in der Tat als eine ›Gotteskrise‹ aus. Die Reden des Papstes bestätigen in Wahrheit also lediglich, wie tief diese Krise ist – und demonstrieren zudem die Ohnmacht, in der die Leitung der katholischen Kirche ihr gegenübersteht.«[53]
– Und trotz einiger kritischer Einschränkungen die positive Bewertung: Hier hat »ein ehemaliger Professor eine glänzende geisteswissenschaftliche Rede vorgetragen, von deren gedanklichem Niveau man dem Bundestag recht viele wünscht«.[54]

---

[51] Joschka Fischer, *Die Linke nach dem Sozialismus*, Hamburg 1992, S. 191.
[52] Georg Essen (Hg.), *Verfassung ohne Grund? Die Rede des Papstes im Bundestag*, Freiburg 2012.
[53] Rudolf Langthaler, »Einige Gedanken zu bestimmenden Themen in der Papstrede im Deutschen Bundestag«, in: Georg Essen (Hg.), *Verfassung ohne Grund? Die Rede des Papstes im Bundestag*, ebd., S. 147–178, bes. S. 167 f.
[54] Tine Stein, »Zur ethischen Funktion des Naturrechts – nicht nur für den Staat«, in: *ebd.*, S. 205–216, bes. S. 206.

Das bleibende Vermächtnis dieser Papstrede liegt darin, dass der Papst die Korrelation zwischen Naturrecht und Schöpfer sowie zwischen Glaube und Vernunft herausgestellt hat. Er hat das Naturrecht aus der Geschichte und der christlichen Kultur definiert. Dem Positivismus hat er zwar seine Vorzüge bescheinigt, aber gleichzeitig seine Bedrohungen und das für den Menschen Schädliche, Tödliche oder Vernichtende nicht verschwiegen. Und er hat die Politiker ermahnt, in Fragen, die die Würde des Menschen betreffen, nicht ausschließlich nach dem in anderen weniger wichtigen Fragen in Demokratien üblichen Mehrheitsprinzip zu entscheiden. Eine wertfreie und religionslose Gesellschaft, in der Tugenden für unnötig gehalten und durch Techniken ersetzt werden, die man verifizieren oder falsifizieren kann, gibt es nämlich nicht. Gerade aus der Historie der Neuzeit (u. a. Nationalsozialismus, Faschismus, Stalinismus, Kommunismus, Maoismus und militantem religiösem Fanatismus, wie zum Beispiel Islamismus mit allen schrecklichen Folgen) wissen wir, dass eine Trennung von Politik und Ethik, Werten und Moral schon zu genug Katastrophen geführt hat.

Gerade deshalb war diese Rede von Benedikt XVI. so wichtig und das für seine Besuchsreise nach Deutschland gewählte Leitwort so richtig wie berechtigt: »Wo Gott ist, da ist Zukunft.«*

* Dieser Beitrag war bereits erschienen in der Schriftenreihe »Veröffentlichungen der Joseph-Höffner-Gesellschaft«, Band 4, Paderborn 2015, S. 67–96.

Ohne Irrtum und Verwirrung: »Familiaris consortio« als Wegweiser für eine gelungene Familienpastoral

In zahlreichen Gesellschaften, vor allem in Europa, ist seit Jahren ein weitgehender, zum Teil dramatischer Niedergang von Ehe und Familie zu verzeichnen. Deshalb war die Entscheidung von Papst Franziskus, eine Synode zu diesem Thema nach Rom einzuberufen, verständlich, wenngleich in der Familiensynode 1980 und im Apostolischen Lehrschreiben *Familiaris consortio* des heiligen Papstes Johannes Paul II. am 22. November 1981 alles Wichtige gesagt worden war. Auch danach hat dieser Papst immer wieder und besonders zu den Fragen von Ehe und Familie Stellung genommen, so wie es auch sein Nachfolger, Papst Benedikt XVI., vielfach getan hat. Zum Beispiel in seiner Ansprache bei der Pastoraltagung der Diözese Rom zum Thema »Familie« am 6. Juni 2005 hatte Benedikt XVI. betont: »Die verschiedenen heute festzustellenden Auflösungstendenzen bezüglich der Ehe wie uneheliche Lebensgemeinschaften und die ›Ehe auf Probe‹ bis hin zu Pseudoehen zwischen Personen des gleichen Geschlechts sind ... Ausdruck einer anarchischen Freiheit, die sich zu Unrecht als Befreiung des Menschen ausgibt. Eine solche Pseudofreiheit beruht auf einer Banalisierung des Körpers, die unvermeidlich die Banalisierung des Menschen einschließt.«[1] In seiner Enzyklika *Deus caritas est* erklärte Benedikt im Dezember desselben Jahres 2005 in theologischer Eindeutigkeit

---

[1] Benedikt XVI., *Gedanken über die Familie*, Illertissen 2015, S. 81 f.

die Ehe als »Darstellung des Verhältnisses Gottes zu seinem
Volk und umgekehrt«[2], und beim Angelusgebet im Frühjahr
2007 sagte er, dass der Schutz des Lebens, die Struktur der
Familie als Verbindung zwischen Mann und Frau in einer Ehe
und der Schutz des Rechts der Eltern, ihre eigenen Kinder zu
erziehen, die drei »nicht verhandelbaren Prinzipien für die katholische Kirche« seien.[3]

Trotz aller Eindeutigkeit dieser und zahlreicher anderer päpst-
licher Aussagen gab es vor dem ersten Teil der von Papst Franziskus einberufenen Familiensynode 2014 und vor allem danach in den öffentlichen Diskussionen kaum noch ein Tabu
zu diesem Thema, wobei sich besonders die Gegner von Lehre und Tradition der katholischen Kirche, wie zum Beispiel
»Wir sind Kirche« und das Zentralkomitee der deutschen Katholiken (ZdK), hervorgetan haben. Ihre verwirrenden und
von der Glaubenslehre der Kirche abweichenden Forderungen
nach Neuorientierungen sind bestimmt vom »Zeitgeist« und
der »Lebenswirklichkeit«. Neben den Grundsätzen der Lehre und Tradition der Kirche werden die Vorgaben für die Sakramente der Buße und der Eucharistie ebenso infrage gestellt
wie Bestimmungen des Kirchenrechts und die kirchliche Praxis. Die Kirche soll als Weltkirche zulasten der Ortskirchen
geschwächt und das Evangelium uminterpretiert werden.
Auch deutsche Bischöfe hielten sich in der Öffentlichkeit nicht
mit »neuen Ratschlägen« zurück. Der Vorsitzende der Deutschen Bischofskonferenz, Reinhard Kardinal Marx, zum Beispiel bemerkte, dass die Ortskirchen keine »Filialen von Rom«
seien, und plädierte für eine »Verheutigung des Evangeliums«,
was nichts anderes heißt als Anpassung an die Vorstellungen
der säkularen Gesellschaft. Neben anderen haben insbesondere die Kardinäle Paul Josef Cordes, Gerhard Ludwig Müller

---

[2] *Ebd.*, S. 12.
[3] *Ebd.*, S. 52 f.

und Kurt Koch die These zurückgewiesen, dass Ortskirchen bei den Sakramenten wie Eucharistie und Ehe eigene Wege gehen könnten, da die Sakramente von fundamentaler und universaler Bedeutung seien. Benedikt XVI. hatte schon Walter Kardinal Kasper in seiner Auffassung widerlegt, dass Orts- und Teilkirchen vollständig Kirche seien, weil aufgrund der universalen Dimension der Kirche diese logischerweise sowohl zeitlich als auch ontologisch vor den Ortskirchen, also den Diözesen steht.

Weitere Autoren, u. a. auch Gerhard Ludwig Kardinal Müller, Präfekt der Kongregation für die Glaubenslehre, haben andere Aussagen von Walter Kardinal Kasper in seiner Rede beim Konklave in Rom 2014 zur Zulassung von wiederverheirateten Geschiedenen zur Eucharistie sehr klar zurückgewiesen.

Wie weit die Büchse der Pandora inzwischen geöffnet ist und sich die in ihr enthaltenen Übel verbreiten, zeigt zum Beispiel das Buch *Familienvielfalt in der katholischen Kirche. Geschichten und Reflexionen.*[4] Es ist ein Beweis dafür, wie viele Priester und Laientheologen sich inzwischen einer alternativen Moraltheologie zugewandt haben. Bünker, Sekretär der Pastoralkommission der Schweizer Bischofskonferenz, und Schmitt, Professor für theologische Ethik an der Theologischen Hochschule Chur, fordern, dass die derzeitigen Lebensverhältnisse, die von der geltenden Ordnung abweichen, von den kirchlichen Autoritäten endlich anerkannt werden. Diese neue »Familienvielfalt« würde von den Gläubigen und vom Kirchenpersonal in der Schweiz längst gelebt. Die bisher gültige Lehre der Kirche sei eine »althergebrachte kirchliche Idealistik ehelicher Fortpflanzungssexualität«, die überwunden

---

[4] Arnd Bünker, Hanspeter Schmitt, *Familienvielfalt in der katholischen Kirche. Geschichten und Reflexionen,* Zürich 2015.

62

werden müsse. Es sei Zeit, dass die gesellschaftliche Realität
»amtskirchlich nachvollzogen« werde.[5]
In der Vielstimmigkeit der Kirchenkritiker gibt es zwei
Konsenspunkte, in denen sich alle Kritiker der Lehre einig
sind: Widerstand gegen Rom und Rigorismus der eigenen Moral, bei der die biblische Wahrheit keine Rolle spielt.

Ein besonderer »Leuchtturm« in der Ehe- und Familienpastoral ist dagegen das Apostolische Schreiben *Familiaris consortio* des heiligen Papstes Johannes Paul II., das am 22. November 1981 im vierten Jahr seines Pontifikates und ein Jahr
nach der Synode zum Thema »Familie« 1980 veröffentlicht
wurde. Es ist wichtig, sich diesen Inhalt noch einmal ins Gedächtnis zu rufen, um die Frage beurteilen zu können, ob die
jetzt zum selben Thema erneut einberufene Synode notwendig war, und um später nach Abschluss der Synode in der Lage zu sein, das Synodenergebnis zu bewerten. Was also lehrt
uns *Familiaris consortio*?

Im ersten Teil zählt Papst Johannes Paul II. Ehe und Familie
»zu den kostbarsten Gütern der Menschheit«. Sie seien »in-
nerlich auf die Vollendung in Christus hingeordnet«. Er hatte bereits damals erkannt, dass die »Familie Ziel zahlreicher
Kräfte ist, die sie zerstören oder jedenfalls zu entstellen trachten«. Es gebe eine Reihe von Ansichten und Vorschlägen, die
»die Wahrheit und Würde der menschlichen Person mehr oder
weniger verletzen«. Die Zeit, die er beschreibt, bedürfe der
Weisheit, worunter er versteht: »Den letzten Sinn des Lebens
und seine Grundwerte wieder zu erfassen, ist die große Aufgabe, die sich heute für die Erneuerung der Gesellschaft
stellt.« Das gilt für das Jahr 2017 unverändert!

[5] S. hierzu die Rezension dieses Buches von Martin Grichting, in: *Die Tagespost*, 25. August 2015.

Im zweiten Teil geht er dann darauf ein, welche Rolle Ehe und Familie im Plan Gottes spielen. Er verweist darauf, dass es eine freie Entscheidung sei, »mit der Mann und Frau die innige, von Gott gewollte Lebens- und Liebesgemeinschaft eingehen«. Das Sichschenken sei keineswegs etwas rein Biologisches, also nur »leibliche Ganzhingabe«, sondern »Zeichen und Frucht einer personalen Ganzhingabe«. Welch ein Gegensatz zu der heute geforderten »sexuellen Vielfalt« nach dem Lustprinzip ohne irgendeine Verantwortung einer anderen Person gegenüber!

Im dritten Teil beschäftigt sich der Papst mit den Aufgaben der christlichen Familien und betont den sakramentalen Charakter der Ehe, weshalb die Bindung zwischen Mann und Frau unlösbar sei. (Deshalb gibt es ja das Treueversprechen der Eheleute »bis dass der Tod uns scheidet« und nicht »solange es gut geht«!) Die Beziehung Christi zur Kirche wird in der Ehe »sakramental gegenwärtig«. Da sich Mann und Frau »in der Ehe mit einer Liebe schenken, die total und eben deshalb einzig und ausschließlich ist«, kann es keine anderen Formen der Ehe geben, und deshalb können Treue und Unauflöslichkeit der Ehe nicht zur Disposition gestellt werden: »Was aber Gott verbunden hat, das darf der Mensch nicht trennen« (Mt 19,6). Wie schön, dass man deshalb eine christliche Ehe und Familie auch »Hauskirche« nennen darf!

Und weil Gott den Menschen »als Mann und Frau« (Gen 1,27) erschaffen hat, hat die Frau die gleiche Würde wie der Mann. Es ist eine abgrundtiefe Entwürdigung der Frau, sie in Staat und Gesellschaft nur dann als vollwertig anzuerkennen, wenn sie sich uneingeschränkt dem Produktionsprozess auf dem Arbeitsmarkt zur Verfügung stellt, aber nicht, wenn sie sich zu Hause der Erziehung ihrer Kinder widmet. Jede Frau ist uneingeschränkt Person, Personalität, nicht dem Mann gleichartig, aber ihm gleichwertig, wie auch umgekehrt. Und zur Aufgabe und Verantwortung beider gehört vor allem die Zuwendung zu den gemeinsamen Kindern und die Fürsorge für sie: »Annahme, Liebe, Wertschätzung, vielfältige und gemeinsame – materielle, affektive, erzieherische, spirituelle – Hilfen für jedes Kind, das in diese Welt kommt, müssen immer ein unverzichtbares Kennzeichen der Christen sein, insbesondere der christlichen Familien.« Und deshalb verurteilt Johannes Paul II. alle Maßnahmen von Regierungen, die die Freiheit von Eltern bezüglich ihrer Nachkommenschaft zu beschneiden versuchen und Empfängnisverhütung, Abtreibung und Sterilisation propagieren und finanzieren, so wie es heute neben vielen Nationalstaaten besonders die internationalen Organisationen UNO, WHO (*World Health Organization* – Weltgesundheitsorganisation) und EU praktizieren. Schließlich beschreibt und begründet der Papst die unverzichtbare Erziehung zur Keuschheit und zum persönlichen Wachsen in der Geschlechtlichkeit und fordert die Eltern auf zu beobachten, was in den Schulen ihrer Kinder gelehrt wird und welche Gesetze des Staates die Rechte und Pflichten der Eltern beeinträchtigen, denn wenn sie das nicht tun würden, wären »die Familien die ersten Opfer jener Übel ... die sie vorher nur gleichgültig betrachtet haben«.

Im vierten und letzten Teil seines Apostolischen Schreibens beschäftigt sich Johannes Paul II. ausführlich mit Zeiten, Strukturen, den Beteiligten und mit besonderen Situationen der Familienpastoral. Er unterstreicht die »Dringlichkeit der pastoralen Hilfe der Kirche zur Stützung der Familie«, wobei die Vorbereitung der jungen Menschen auf Ehe und Familie besonders notwendig sei, vor allem in den Fragen ehelicher Sexualität und verantwortlicher Elternschaft. Er hebt die herausragende Bedeutung der kirchlichen Trauung sowie die Notwendigkeit der »Evangelisierung und Katechese vor und nach der Eheschließung« hervor. Auch die Zuschreibung der Rolle und der Aufgaben der Bischöfe und Priester ist eindeutig einschließlich der Mahnung, dass ihre Unterweisung und Ratschläge »immer in vollem Einklang mit dem authentischen Lehramt der Kirche« stehen müssen.

Am Schluss setzt sich der Papst mit der Familienpastoral »für schwierige Situationen« auseinander. Er benennt sie alle, auch die Gruppe der wiederverheirateten Geschiedenen. Diese dürfe man »nicht sich selbst überlassen«, aber es gebe verschiedene Situationen, die man gut unterscheiden müsse. Er ermahnt die Hirten und die Gläubigen, »den Geschiedenen in fürsorgender Liebe beizustehen, damit sie sich nicht als von der Kirche getrennt betrachten, da sie als Getaufte an ihrem Leben teilnehmen können, ja dazu verpflichtet sind (Wort Gottes hören, Teilnahme an der heiligen Messe und am Gemeindeleben, Erziehung der eigenen Kinder im christlichen Glauben).« Eine Zulassung zum eucharistischen Mahl sei aber nicht möglich, »denn ihr Lebensstand und ihre Lebensverhältnisse stehen in objektivem Widerspruch zu jenem Bund der Liebe zwischen Christus und der Kirche ... Ließe man solche Menschen zur Eucharistie zu, bewirkte dies bei den Gläubigen hinsichtlich der Lehre der Kirche über die Unauflöslichkeit der Ehe Irrtum und Verwirrung.« Und da dies so sei, könnte es keinem Geistlichen erlaubt werden, »aus welchem Grund oder Vorwand auch immer, sei er auch pastoraler Natur, für Geschiedene, die sich wiederverheiraten, irgendwelche liturgischen Handlungen vorzunehmen«. Ob dies wohl alle gelesen haben? Und wenn ja, warum wird es dann infrage gestellt und anders gehandhabt?

Fokussieren wir uns in der Familienpastoral endlich auf die viel wichtigeren Fragen, die Papst Johannes Paul II. alle benannt hat. Die Debatte über die Randfrage der wiederverheirateten

Geschiedenen ist längst entschieden! Kriterien sind Evangelium, Lehre und Tradition und nicht Zeitgeist, Lebenswirklichkeit oder veröffentlichte Meinung. Die Ehe ist ein Geschenk Gottes und ein Sakrament. Deshalb ist dem Präfekten des Päpstlichen Hauses, Kurienerzbischof Georg Gänswein, in seiner Auffassung uneingeschränkt zuzustimmen, dass diese Frage bereits vor 34 Jahren von Papst Johannes Paul II. entschieden worden ist, und wir »nicht sein Lehramt ignorieren und die Sache ändern können«.[6]*

* Dieser Text wurde vom Verfasser in der *Tagespost* am 6. Oktober 2015 veröffentlicht, d. h. wenige Tage vor Beginn des zweiten Teils der von Papst Franziskus einberufenen Familiensynode.

[6] Georg Gänswein, in: *Die Tagespost*, 23. Juli 2015

Wertewandel in den europäischen Gesellschaften:
Wir brauchen eine moralische Erneuerung

Beim Thema Wertewandel in Europa möchte ich mich zunächst mit der europäischen Politik und danach mit einigen
gesellschaftlichen Phänomenen wie Lebensschutz, Familie,
Medien und Recht befassen, um dann abschließend zu fragen, ob und in welcher Weise es eine Chance für eine moralische Erneuerung unserer Gesellschaft gibt.

1. Ist dieses Europa noch eine Wertegemeinschaft?

Was ist das für ein Europa, mit dem wir uns beschäftigen?
Um diese Frage unter dem Gesichtspunkt einer Wertegemeinschaft zu beantworten, müssen wir zunächst eine kurze Rück-
blende zur Ausgangslage 1945 machen: Nach den schrecklichen Ereignissen des Zweiten Weltkrieges und seinen Folgen
musste Europa aus der tiefen Krise des gegenseitigen Miss-
trauens und aus einem Klima des Kalten Krieges einen Neu-
anfang zur Befriedung dieses Kontinents wagen. Die zentralen Akteure im Wiederaufbau eines solchen neuen Europas
waren der Deutsche Konrad Adenauer, der Italiener Alcide
De Gasperi und der Franzose Robert Schuman. In ihrem politischen Denken standen die Aussöhnung der Völker, Frieden
und neues Vertrauen im Mittelpunkt. Alle drei hatten diese
Vision auch als gläubige Christen mit gemeinsamen religiösen Überzeugungen.

Die Freundschaft Adenauers mit De Gasperi, dem italienischen Ministerpräsidenten von 1949 bis 1953, war deshalb so tief, weil dessen Glaubensfundament ebenso unerschütterlich war. Die Verleihung des Karlspreises an ihn 1952 in Aachen für seine Verdienste um die europäische Einigung war die eigentliche Grundsteinlegung für die Verleihung des Friedensnobelpreises an die Europäische Union sechzig Jahre später.

Und auch Robert Schuman war ein ebenso frommer und unbeirrbarer Christ. In einem 2011 publizierten Aufsatz können wir u. a. nachlesen, was Schuman einer Besuchergruppe in seinem Ministerium berichtete: »Jeden Morgen, in der Frühe, verlasse ich inkognito das Areal und begebe mich durch diese von den Sicherheitsbeamten nicht bewachte Türe ... ganz ruhig zur Messe und zur Kommunion. Daraus ziehe ich meine Kraft für die Arbeit unter den Augen Gottes.«[1]

Besuche der heiligen Messe waren deshalb immer eine Selbstverständlichkeit, wenn sich diese Politiker trafen. Und kaum jemand weiß, dass Konrad Adenauer vor seiner Reise nach Moskau im September 1955 eine Nacht am Grab des heiligen Nikolaus von der Flüe in der Schweiz verbracht und dort gebetet hat.[2]

Die Neukonstruktion Europas war also gewollt als eine Friedensunion. Die Schlüsselworte der ersten Verträge wie Weltfrieden, gemeinsames Schicksal, tatsächliche Verbundenheit oder neues Vertrauen waren zu der Zeit revolutionär und haben als politische Vision eine starke Dynamik ausgelöst. Die »Seele Europas« – ein Wort von Papst Johannes Paul II. – hatte ein christliches Fundament, ein verbindliches Ethos. Es gab zwischen den verantwortlichen Politikern der ersten Stunde einen Konsens über die Grundwerte menschlichen Lebens

---

[1]   Gerhard Müller-Chorus, »Robert Schuman, der Christ«, in: *Unitas*, 1/2011, S. 23.
[2]   Dorothea und Wolfgang Koch, *Konrad Adenauer. Der Katholik und sein Europa*, Aachen 2013, S. 190–196.

und menschlicher Würde, eine kongruente Sicht von Mensch, Welt und Gesellschaft. Europa wurde tatsächlich gedacht als eine »Gesinnung«, wie Romano Guardini es einmal ausgedrückt hat. Die genannten Politiker waren in ihrer christlich geprägten Werteüberzeugung über jeden Zweifel erhaben und damit ein Glücksfall für die europäische Geschichte nach 1945.

Nach diesem kurzen historischen Exkurs kommen wir zu unserer Ausgangsfrage zurück: Wie sieht die »Seele Europas« heute aus?

Wenn man seine Aufmerksamkeit auf die EU als Wertegemeinschaft lenkt, dann muss man zunächst die Frage beantworten, nach welchen Kriterien man die Identität Europas definieren kann, auch wenn sie, nicht nur nach den Worten von Johannes Paul II., »keine leicht erfassbare Wirklichkeit« ist.[3] In jedem Fall steht die Würde der Person im Mittelpunkt. Dies ist deshalb entscheidend, weil gerade zu dieser Frage das Christentum viele Jahrhunderte einen grundlegenden Beitrag geleistet hat. Gibt es also heute noch, so lautet die Frage, ein verbindliches Ethos in der EU? Lassen wir einige Fakten sprechen:

– In der Präambel des Lissabon-Vertrages, des EU-Verfassungsvertrages, gibt es keinen Gottesbezug. Dort heißt es: »Schöpfend aus dem kulturellen, religiösen und humanistischen Erbe Europas ...« Zahlreiche Kritiker haben diese Formulierung gerügt und gefragt, warum man nicht stattdessen zum Beispiel gesagt hat: »Schöpfend aus dem kulturellen Erbe Europas, der Antike und dem Humanismus des Christentums, der im Laufe der Geschichte zu den Grundsätzen von Freiheit, Demokratie, Gleichheit und

---

3   Johannes Paul II., Ansprache an die Parlamentarische Versammlung des Europarates in Straßburg am 8. Oktober 1988, in: *Verlautbarungen des Apostolischen Stuhls*, Sekretariat der Deutschen Bischofskonferenz (Hg.), Bonn 1988, S. 824.

Rechtsstaatlichkeit führte …«[4] Dies würde der historischen Wahrheit entsprechen und auch an die unverwechselbare Identität Europas erinnern.

- Der Italiener Rocco Buttiglione, gläubiger Katholik, der 2004 als Vizepräsident der Europäischen Kommission und Kandidat für Justiz, Freiheit und Sicherheit von der italienischen Regierung nominiert worden war, hatte bei seiner Anhörung vor den Abgeordneten des Europäischen Parlaments bei der Frage über seine Einschätzung der Homosexualität geantwortet, er halte sie für eine Sünde, würde sich aber »als EU-Kommissar in seiner Arbeit an die Gesetze der EU halten«.[5] Er wurde abgelehnt.

- Im EU-Kalender 2011, gedruckt in einer Auflage von 3,2 Millionen Exemplaren, waren alle jüdischen, buddhistischen, hinduistischen und muslimischen Feiertage sowie die der Sikhs aufgeführt, nur nicht die christlichen – angeblich aus Versehen. Wegen zahlreicher Proteste wurde er wieder eingezogen.

- Den gefährlichsten Weg hin zum Totalitarismus beschreitet die EU durch ihren Gender-Kurs, der in eine fundamentale Konfrontation, in eine anthropologische Revolution gegen das christliche Menschenbild eingetreten ist. Der frühere moralische Konsens in der zivilisierten Welt ist zerfallen. Es ist eine kulturelle Wende über unseren Kontinent hinweg eingeleitet, denn Gender will die Herrschaft der Frau über den Mann, die Auflösung der Identitäten von Mann und Frau und die Beseitigung jeder moralischen Bewertung und Begrenzung sexueller Handlungen. Gender-Mainstreaming schafft alle Normen der Sexualität ab, fordert die Tötung von ungeborenem Leben durch Abtreibung

---

4 Kurt Hübner, »Der Unterschied des Abendlandes«, in: *Frankfurter Allgemeine Zeitung*, 19. Mai 2005.
5 Hansjürg Stückelberger, *Europas Aufstieg und Verrat – Eine christliche Deutung der Geschichte*, Aachen 2011, S. 457.

und jede Art von Homo-Ehe als Menschenrecht. Es ist ein Kampf gegen die biblische Schöpfungsordnung und die Fundamente unseres christlichen Menschenbildes.

– Die Auseinandersetzungen über den Estrela-Bericht im Europäischen Parlament sind sicher noch bekannt. In diesem Bericht der portugiesischen Sozialistin Edite Estrela wurden u. a. die Abtreibung als Menschenrecht, auch für Minderjährige ohne Zustimmung der Eltern, ein verpflichtender Sexualkunde-Unterricht in der Schule ab der ersten Klasse, Werbung für Homosexualität bei Jugendlichen, die Abschaffung der Gewissensfreiheit für medizinisches Personal – also Verbot der Weigerung, an der Durchführung von Abtreibungen mitzuwirken – sowie Bestandsgarantie und nachhaltige Sicherung der Finanzierung aus Steuermitteln für Abtreibungsorganisationen gefordert. Erst in einer zweiten Abstimmung wurde dieser Bericht im Europäischen Parlament im Dezember 2013 mit der knappen Mehrheit von 334 : 327 Stimmen abgelehnt. In späteren Berichten, zum Beispiel der bayerischen EU-Politikerin Maria Noichl (SPD), der österreichischen Abgeordneten Ulrike Lunacek (Die Grünen) oder des belgischen Mitglieds des Europäischen Parlaments, Marc Tarabella (Parti Socialiste), waren all diese Forderungen und weitere erneut enthalten und wurden auch mehrheitlich angenommen, obwohl es hier um Fragen ging, in denen die EU keine Kompetenzen hat. Eine fatale Entwicklung!

1945 standen Christdemokraten und Konservative vor zwei großen Herausforderungen: Erneuerung des kriegsgeschädigten Europas und der Kampf gegen den sowjetischen Kommunismus. Den ersten Kampf haben sie in zwanzig Jahren, den zweiten in gut vierzig Jahren gewonnen. Aber dem dritten Kampf um das Menschenbild, um die Frage, was ist der Mensch, was ist eine Familie, dieser grundsätzlichen anthropologischen Auseinandersetzung haben sie sich nicht gestellt bzw. den linken und liberalen Kräften das Feld überlassen oder ihnen in die Hände gespielt, in einigen Ländern sogar mit eigenen Initiativen. Hier ist bereits viel Terrain verloren, und ein »Weiter-So!« würde für unser christliches Abendland katastrophale Folgen haben.

Die Gründungsväter der EU hatten persönlich und in ihren politischen Auffassungen ein christliches Fundament, ein verbindliches Ethos. Sie haben Europa eine »Seele« gegeben.

Hingegen forderte heute schon seit Langem zum Beispiel der deutsche Sozialdemokrat Martin Schulz (SPD), bis Ende des Jahres 2016 insgesamt mehr als vier Jahre Präsident des Europäischen Parlaments, seit Januar 2017 Kandidat für das Amt des Bundeskanzlers, dass alle Kreuze und sonstigen religiösen Symbole aus öffentlichen Räumen verschwinden müssen, weil es in Europa, wie er sagte, »das Risiko einer sehr konservativen Bewegung zurück« gebe, die im Sinne der Antidiskriminierung »bekämpft« werden müsse.[6] Doch wir dürfen nicht zulassen, dass das Christentum und seine Symbole aus der Öffentlichkeit verbannt werden. Das Kreuz ist doch kein Siegeszeichen über andere Menschen, sondern erinnert an die Liebe Christi gegenüber uns Menschen bis zu seinem Kreuzestod und damit auch an das Sterben jedes einzelnen Menschen, der ein Opfer politischer Gewalt geworden ist: Gulag und Hiroshima, Auschwitz, Ground Zero in Manhattan, Pol Pot, der Platz des Himmlischen Friedens in China, Nordkorea, Ägypten und Iran, Irak, Syrien und Afghanistan, Pakistan und Somalia, Sudan, Irak, Libyen und Jemen, Nigeria, Eritrea und Guantanamo sowie viele andere mehr. Bei Betrachtung der Pietà begreift man, worüber wir reden, wenn wir über das Kreuz sprechen.

Die EU hat uns über viele Jahre Frieden und Freiheit gebracht. Dafür sind wir dankbar und auch dafür, dass der europäische Raum der Demokratie und des Rechts größer

---

[6] *Die Tagespost* und *Frankfurter Allgemeine Zeitung*, 17. Mai 2014.

geworden ist. Aber wir verzichten nicht auf Kritik, wo sie angebracht ist. Und wir kämpfen für unsere Werte.

Ich habe den Versuch unternommen – und tue es immer noch –, nach der Wertegemeinschaft Europa heute zu fragen und ihre Identität am Thema »Würde des Menschen« zu überprüfen. Hierzu hat Lothar Roos in seiner Abschlussvorlesung an der Universität Kattowitz die wesentliche Frage gestellt: »Kann Europa eine Zukunft haben, wenn es seine Herkunft vergisst? Wenn es sich weigert, sich zu seinen ›christlichen Wurzeln‹ zu bekennen? Was für eine Zukunft hat Europa, indem der Schutz des menschlichen Lebens an seinem Beginn und an seinem Ende ›tendenziell‹ gelockert und der privaten Verfügung überlassen wird?«[7] Auf Grundsätzliches hatte Joseph Ratzinger schon sehr früh hingewiesen mit der Feststellung, »dass das menschliche Gewissen – das Gewissen aller Menschen – im Grunde auf einer Urerinnerung an das Gute und an das Wahre (beides ist identisch) gründet, die dem von Gott geschaffenen Menschen eingegeben ist. Daraus leitet sich auch sein Verständnis des Naturrechts als Quelle der wahren Werte ab.«[8] In einer anderen Schrift benennt Ratzinger als die zwei Sündenfälle Europas in der Neuzeit den Nationalsozialismus und die Zerstörung des Ethos, die »Verbindung von Fortschrittsglaube, Absolutsetzung der wissenschaftlich-technischen Zivilisation und Verheißung der neuen Menschheit, des messianischen Reichs«.[9] Und wir rufen seinen Hinweis in

[7] Lothar Roos, »Das Vermächtnis Johannes Pauls II. für die Zukunft Europas«, in: *Europa christlich gestalten – Hoffnung und Angst der Menschen in Europa als Herausforderung für die Soziallehre der Kirche*, Festschrift für Lothar Roos zum Abschluss seines Wirkens an der Universität Katowice, 2005, S. 25–40, bes. S. 25.
[8] Joseph Ratzinger, »Werte in Zeiten des Umbruchs«, in: Martin Kaufhold, *Europas Werte. Wie wir zu unseren Vorstellungen von richtig und falsch kamen*, Paderborn 2013, S. 14.
[9] Joseph Kardinal Ratzinger, *Wendezeit für Europa? Diagnosen und Prognosen zur Lage von Kirche und Welt*, a. a. O., S. 87–93.

Erinnerung: »Wo Gott ausgeschlossen ist, ist das Prinzip Räuberbande – in unterschiedlich krassen oder gemilderten Formen – gegeben.«[10] Es gibt eine Grundlage gemeinsamer Werte, die in der christlich-abendländischen Kultur und Tradition verwurzelt sind und identische Zielsetzungen begründen. Aber die Bereitschaft oder sogar der feste Wille, die europäische Politik unter Beachtung dieser Werte weiter auszubauen oder wenigstens zu stabilisieren, hat weitgehend abgenommen.

In seiner Autobiografie *Erinnerung und Identität*[11] hat Papst Johannes Paul II. von drei großen Ideologien gesprochen, mit denen er es in seinem Leben zu tun hatte: dem Nationalsozialismus, dem Kommunismus und der Kultur des Todes. Die beiden ersten sind, zumindest in Europa, besiegt, obwohl dieser Sieg von vielen lange für unmöglich gehalten wurde. Vielleicht ist auch ein Sieg über die Kultur des Todes eines Tages noch möglich, wenn wir engagiert dafür kämpfen.

2. Lebensschutz

Jede Gesellschaft braucht einen ethischen Minimalkonsens, um zu überleben und nicht im Chaos zu versinken. Mit Blick auf die Realität ist aber zu fragen, wo denn all die Weltverbesserer und Berufsprotestierer sind, die jede Kröte und jeden Baum im Regenwald schützen wollen, und wo die vielen kirchlichen Gruppen sind, die von sich behaupten, sie seien für Gerechtigkeit, Frieden und Bewahrung der Schöpfung, aber nichts tun, wenn es um den Schutz von Ungeborenen, von Behinderten und von unseren Familien oder um die ständige Ausweitung der aktiven Sterbehilfe geht?

---

[10] *Ebd.*, S. 96.
[11] Johannes Paul II., *Erinnerung und Identität*, Augsburg 2005.

– Mindestens 100 000 *Abtreibungen* – ohne Dunkelziffer – jedes Jahr in Deutschland – das sind 350 täglich und entspricht 14 Schulklassen pro Tag. Papst Franziskus hat in seiner Ansprache beim Neujahrsempfang 2014 für die Mitglieder des beim Heiligen Stuhl akkreditierten Diplomatischen Korps erklärt:»Häufig werden menschliche Wesen wie nicht mehr benötigte Gebrauchsgegenstände entsorgt … Allein schon der Gedanke, dass Kinder als Opfer der Abtreibung niemals das Licht der Welt erblicken können, lässt mich schaudern.« Und in diesem Zusammenhang sollten wir uns ins Gedächtnis rufen, dass die Legalisierung der Abtreibung in Europa, noch früher als in den USA und in Westeuropa, zuerst in den kommunistischen Ländern betrieben wurde. Die Legalisierung der Abtreibung war ein Bestandteil der geistigen Transformation der Gesellschaft durch den Kommunismus, und umgekehrt war Jahrzehnte später der Kampf gegen die Abtreibung ein wesentlicher Bestandteil im Kampf, der zum Sturz des Kommunismus führte. Haben das die christlichen und konservativen Parteien in Europa heute vergessen und machen sich stattdessen zum Handlanger des Bösen, indem sie Gesetze gegen das Leben und die Würde der Person beschließen? Insofern war ich begeistert, als ich von der Idee der polnischen Ärztin Wanda Poltawska gelesen habe. Auf sie geht die Initiative von 3 000 Ärzten und Apothekern in Polen zurück, die eine ethische Erklärung abgegeben haben, in der sie sich verpflichten, keine Abtreibungen, künstlichen Befruchtungen und Euthanasie durchzuführen und auch keine Rezepte für Verhütungsmittel auszuhändigen oder in Empfang zu nehmen, weil, wie sie betonen,»der menschliche Körper sowie das Leben ein Geschenk Gottes und damit heilig und unantastbar« sind. Und auch die Tatsache, dass die katholische Kirche in Polen diese Initiative uneingeschränkt unterstützt, ist ermutigend. Die Kampagne gegen den Mitunterzeichner

Bogdan Chazan durch sogenannte liberale Zeitungen und Journalisten – in Wahrheit sind sie nicht liberal, sondern kirchenfeindlich – ist symptomatisch auch für ähnliche Diskussionen in anderen europäischen Ländern, ebenfalls in Deutschland.

– Bei der *Präimplantationsdiagnostik (PID)* wissen wir, dass der PraenaTest kein zuverlässiges Diagnosemittel ist, sondern lediglich eine Chromosomen-Anomalie bestimmen kann. Damit erfüllt er keinen therapeutischen Zweck, sondern selektiert Menschen, die vorgeburtlich eine Behinderung haben. Wir wissen, wie das in der Regel endet, nämlich in der Euthanasie.

– Bei der Frage der *Suizidbeihilfe* ist zu beklagen, dass die Loslösung von der Vorstellung, dass mein Leben ein von Gott geschenktes ist und kein Mensch die Verfügungsgewalt über das Leben eines anderen hat, in unserer Gesellschaft immer mehr zunimmt und leider auch bei Katholiken die Zahl der Befürworter der Suizidbeihilfe erheblich ansteigt. Aber mein Standpunkt ist unveränderbar: Das Lebensende gehört in die Hände Gottes und nicht in die des Menschen!

– Und schließlich jagen in der *Biotechnik* viele Wissenschaftler der Vision des perfekten Menschen hinterher. Sie spielen Schöpfer, weil sie mit der Rolle des Geschöpfes nicht mehr zufrieden sind, und sie kennen keine Grenzen in ihrem Ehrgeiz zur ständigen »Optimierung« (?) des Menschen.

Hoffentlich wissen alle Beteiligten, was sie tun. Ich werde bei diesen Praktiken jedenfalls öfter an den Spottvers des polnischen Lyrikers Stanislaw Lec erinnern, der lautet: »Sein Gewissen war rein, er benutzte es nie.«

3. Familie

Mindestens genauso große Sorgen macht uns die Entwicklung von Ehe und Familie. Die Politik und die Rechtsprechung haben aber auch deshalb so leichtes Spiel mit der Durchsetzung von Alternativmodellen für andere Lebensgemeinschaften, weil sich die herkömmliche Form von Ehe und Familie seit Langem in einem Erosionsprozess befindet. Die Zahl der Eheschließungen und der ehelichen Kinder nimmt ab und die der Ehescheidungen und unehelichen Kinder zu. Und in dieser desolaten Situation der Familien hat es der Staat dann leicht, uns in Richtung Betreuungsgesellschaft zu lenken, wie es doch im Kommunismus lange genug war und immer noch ist. Wie viele kümmern sich denn heute noch um das Wohl des Kindes? Morgengebet in der Familie, Frühstück mit den Eltern, Mittagessen zu Hause? Fehlanzeige! Aber wir dürfen es nicht zulassen, dass der Staat uns die Betreuung unserer Kinder aus der Hand nimmt!

Und natürlich gehört in dieses Kapitel auch ein Wort zu den gleichgeschlechtlichen Partnerschaften. Die Versuche, uns einreden zu wollen, dass wir andere Lebensgemeinschaften diskriminieren, sind zwecklos. Wir diskriminieren nicht, wir tolerieren, aber wir lassen uns nicht dazu zwingen, sie als gleichwertig anzuerkennen und zu akzeptieren, denn wir wehren uns dagegen, Ungleiches gleichbehandeln zu sollen. Jeder Staat ist auf die herkömmliche Ehe von Mann und Frau und auf die aus dieser Verbindung hervorgehenden Kinder angewiesen, sonst hat kein Gemeinwesen eine Zukunft. Der Vorwurf der Diskriminierung passt also nicht, weil es um ungleiche Sachverhalte geht. Wenn Ehe und Familie dem besonderen Schutz der staatlichen Ordnung unterstellt werden, wie es in unserer deutschen Verfassung heißt, dann müssen wir fragen, wo denn das Besondere liegt, wenn alles gleichbehandelt wird? Wir sind nicht homophob, aber die Stimmung in Europa ist christophob geworden, indem Verunglimpfungen gegen Christen immer mehr zugenommen haben, ohne dass sie sanktioniert werden.

4. *Medien*

In einem demokratischen Rechtsstaat muss es eine Kontrolle durch Medien geben, deren Existenzberechtigung als notwendige vierte Gewalt von uns nicht bestritten wird. Aber eine solche Wächterrolle darf nicht mit einer anmaßenden Richterrolle verwechselt werden. Wenn das Bemühen, Informationen zu gewinnen und zu veröffentlichen, primär von Auflagenhöhe und Einschaltquoten bestimmt wird, wenn es in reine Lust nach Sensationen und Opfern ausartet, wenn die Wahrheit keine oder kaum noch eine Rolle spielt, wenn Personen keinen Schutz mehr genießen und anstelle der Unschuldsvermutung die Vorverurteilung tritt, wenn sich Journalisten im Unglück anderer wälzen, wenn aus vertraulichen Akten im Laufe von Ermittlungen öffentlich zitiert wird, dann stimmt etwas in einem Rechtsstaat nicht mehr.

Und mit welcher Intensität in den neuen Kommunikationsmitteln Manipulationen stattfinden, sieht man zum Beispiel am sozialen Netzwerk Facebook, das das Einstellen von Bildern abgetriebener Babys verhindert, gleichzeitig aber eine Anleitung veröffentlicht, wie man mit chemischen Mitteln selbst eine Abtreibung vornehmen kann. Und Facebook treibt auch den Gender-Wahn wie folgt voran: Als deutscher Nutzer kann man bei der Anmeldung im sozialen Netzwerk auch sein Geschlecht wählen, wobei man die Wahl zwischen sechzig Geschlechtervariationen hat, und an Erweiterungen wird bereits gebastelt. Und außerdem sponsert Facebook den weltweit führenden Abtreibungskonzern *International Planned Parenthood Federation* mit hohen finanziellen Mitteln.

5. Herrschaft des Rechts

Wichtig ist schließlich die Frage, wie ernst die Rechtsetzung heute noch von der EU genommen wird. Ich möchte mich auf drei Beiträge zum Thema Rechtsverletzungen beschränken:

Elmar Nass äußert sich wie folgt: »Proteste gab es ... kaum gegen das systematische Aufweichen der Konvergenzkriterien, gegen Ankäufe fauler Staatspapiere durch die EZB, gegen das Anwerfen ihrer Notenpresse nach dem letzten Amtswechsel an ihrer Spitze oder gegen die Rettungsschirme mit Weiten, die nie zuvor ein Mensch gesehen hat ... Wer redet da noch von Subsidiarität, also von der Solidität, der Geldwertstabilität, der Zentralbankautonomie oder gar vom vereinbarten Ausschluss der Gemeinschaftshaftung für die Schulden anderer Staaten? All das steht zwar auch im Lissabon-Vertrag, aber solche Verweise bringen keinen Beifall.«[12]

Noch schärfer geht der frühere Bundesverfassungsrichter Paul Kirchhof mit der EU ins Gericht. Mit Verweis auf die Hilfe der Europäischen Zentralbank bei der Staatsfinanzierung und der Annäherung der EU an eine Haftungsgemeinschaft geißelt er einen elementaren Rechtsverlust mit der Feststellung, dass heute viele bereit sind, »ein Stück des Weges in die weitere Illegalität voranzuschreiten, weil dieser Weg beachtliche Gewinne verheißt oder auch nur die Chance bietet, drohende Verluste auf andere zu verschieben«. Und an anderer Stelle sagt er: »Die Rechtsmaßstäbe weichen dem alltäglichen Kompromiss, der zum Kerngedanken der Demokratie erklärt wird.« Eine Instabilität des Rechts wiege schwerer als eine Instabilität der Finanzen, und er schließt mit dem Mahnruf: »Integration heißt Werben für das Recht.«[13]

---

[12] Elmar Nass, »Die Kirche und das Euro(pa)dilemma«, in: *Frankfurter Allgemeine Zeitung*, Nr. 191, 18. August 2012.
[13] Paul Kirchhof, »Verfassungsnot«, in: *Frankfurter Allgemeine Zeitung*, Nr. 160, 12. Juli 2012.

Der Bundestagsabgeordnete der CDU, Stephan Harbarth, schreibt unter dem Titel »Eine Bankrotterklärung für Europa«[14] zu diesem Thema u. a.: »Die für den Umgang mit den Flüchtlingen vereinbarten Regeln werden längst nicht mehr eingehalten. So wird die Dublin-III-Verordnung, die die Zuständigkeit desjenigen Staates für ein Asylverfahren festschreibt, in dem der Flüchtling den EU-Raum erstmals betritt, in den von besonderem Flüchtlingsansturm betroffenen Ländern erkennbar breitflächig missachtet; Flüchtlinge können ohne Registrierung weiterreisen, werden sogar dazu animiert. Nicht erst jetzt, sondern seit Langem ist erkennbar, dass in zahlreichen Mitgliedstaaten umfangreich gegen die europäischen Richtlinien über das Asylverfahren, die Aufnahmebedingungen und die Anerkennung verstoßen wird.« Schon im Zusammenhang mit der Staatsschuldenkrise hatte Harbarth in demselben Artikel bilanziert, dass »der Prozess der Erosion des Rechts« inzwischen »weit vorangeschritten« ist.

Schluss

Wir waren in diesem Beitrag von der Prämisse ausgegangen, dass eine humane Gesellschaft von Grundwerten wie Freiheit und Gleichheit, Recht und Würde des Menschen, Toleranz und Solidarität lebt. Ohne einen gesellschaftlichen Konsens über die Achtung dieser Grundwerte würde eine Gesellschaft ins Chaos stürzen. Und da in unserer Kultur diese Voraussetzungen wesentlich auf einen christlichen Ursprung zurückgehen, bedeutet dies konkret, dass der Mensch auf Dauer nur zu bewahren ist, wenn er um seine Geschöpflichkeit weiß, d. h. genauer, wie Gerhard Lohfink sagt, er erkennt an, »dass

---

[14] Stephan Harbarth, »Eine Bankrotterklärung für Europa«, in: *Frankfurter Allgemeine Zeitung*, 12. November 2015.

Gott der Herr des Lebens und der Welt ist«.[15] Kein Psychologe, Psychiater, Soziologe oder sonstiger Lebensberater hilft dem Menschen weiter, wenn er ihm immer nur sagt, dass die Ursachen für sein persönliches Fehlverhalten seine Gene, seine nicht verarbeiteten Kindheitserfahrungen oder die Umwelt seien. Es ist doch kein Zufall, dass heute bei jeder Katastrophe in der Regel sofort der Psychologe, aber ganz selten ein Priester geholt wird. Der Psychologe ist oft notwendig und nützlich – keine Frage –, aber Schuld vergeben kann er nach wie vor nicht. Solange der Mensch eigener Schuld und Sünde keinen Platz mehr lässt, bleiben die Chancen für Besserungen gleich null. Und die Frage, was ist unrecht an und in der Welt, kann nur beantwortet werden mit: Der Mensch ist es. Ich bin es.

Die vorliegende Bilanz ist nicht ermutigend, aber wir dürfen nicht resignieren, auch wenn es manchmal zum Verzweifeln ist. Denn uns ist die Heilsbotschaft verkündet, an die wir glauben. Wir haben einen missionarischen Auftrag. Und da wir wissen, dass sich die Werte Christi schon zweitausend Jahre lang bewährt haben, muss uns das doch Mut machen. Es ist für uns Christen nicht leichter geworden als früher, denn die Säkularisierung schreitet weiter voran, und die Freunde Gottes werden dadurch immer weniger. Aber gerade deshalb haben wir die Pflicht, uns nicht aus dieser Welt zurückzuziehen, sondern Hoffnung statt Pessimismus zu verbreiten. Wir sehen nicht weg, sondern wir mischen uns ein und wehren uns, wo es nötig ist. Bei allen Versuchen einer ethischen Deformation unserer Gesellschaft dürfen wir niemals gleichgültig bleiben. Wir müssen begreifen, dass der Mensch hochgradig gefährdet ist, weil seine Würde, ja er selbst zerstört werden soll. Und da es keinen schlimmeren

---

[15] Gerhard Lohfink, *Gegen die Verharmlosung Jesu*, Freiburg 2013, S. 412.

Verfall einer Gesellschaft geben kann, müssen wir dagegen angehen. Lassen wir uns nicht einschüchtern, denn so wie kaum noch jemand an das Ende des Kommunismus geglaubt hat, so haben wir auch hier die Chance, die Auseinandersetzung für unsere christlichen Werte doch noch zu gewinnen. Wir müssen nur ausreichend dafür kämpfen und beten. Was mich betrifft, so bin ich mit dem slowakischen Autor Vladimir Palko[16] der Meinung, dass es nicht möglich ist, auf Dauer

– menschliches Leben als etwas Materielles zu manipulieren,
– die Familie neu zu definieren,
– die Existenz der Wahrheit zu leugnen und
– das Gewissen der Menschen auszuschalten.

Unser Glaube bleibt eine Quelle der Freude und der Hoffnung, weil wir uns »geliebt, erlöst und ewig geborgen wissen«.[17]

Friedrich Nietzsche hat einmal gesagt, er würde unseren Erlöser nicht ablehnen, wenn wir Christen nur »erlöster aussähen«. Tun wir es doch, auch wenn Nietzsche selbst es nicht mehr erleben kann. Dafür gibt es genug andere. Denn: »Wo Gott ist, da ist Zukunft«, und das ist Anlass zu großer Freude!

---

16 Vladimir Palko, *Die Löwen kommen*, Kißlegg 2014, S. 497.
17 Pater Karl Wallner, Stift Heiligenkreuz, Österreich.

Eine neue Ideologie des Bösen:
Das Europäische Parlament kämpft gegen das christliche Menschenbild

Gut zehn Jahre sind vergangen, seit der große Europäer und Weltbürger, der heilige Papst Johannes Paul II., vor dem Aufkommen einer neuen Ideologie des Bösen warnte. In seinem persönlichen Vermächtnis, dem Buch *Erinnerung und Identität*[1], prangerte der Pole nach den negativen Erfahrungen des Dritten Reiches und des Kommunismus die »legale Vernichtung gezeugter, aber noch ungeborener menschlicher Wesen« an und kam zu einer erschütternden Einsicht: »... diesmal handelt es sich um eine Vernichtung, die sogar von demokratisch gewählten Parlamenten beschlossen ist, in denen man sich auf den zivilen Fortschritt der Gesellschaften und der gesamten Menschheit beruft. Und auch an anderen schweren Formen der Verletzung des Gesetzes fehlt es nicht. Ich denke zum Beispiel an den starken Druck des Europäischen Parlaments, homosexuelle Verbindungen anzuerkennen als eine alternative Form der Familie, der auch das Recht der Adoption zusteht.« Seine Warnung: »Es ist zulässig und sogar geboten, sich zu fragen, ob nicht hier – vielleicht heimtückischer und verhohlener – wieder eine neue Ideologie des Bösen am Werk ist, die versucht, gegen den Menschen und gegen die Familie sogar die Menschenrechte auszunutzen.«

---

[1] Johannes Paul II., *Erinnerung und Identität*, Augsburg 2005.

Am 9. März 2015 diskutierte das Europäische Parlament den Bericht des belgischen Sozialisten Marc Tarabella über die »Gleichstellung von Frauen und Männern in der EU« und stellte ihn einen Tag später zur Abstimmung. Spätestens seit diesem Ereignis muss man leider sagen: Johannes Paul II. hat recht behalten. Die neue Ideologie des Bösen ist nicht nur in der Gesellschaft inzwischen weit verbreitet, beispielsweise in den Konzepten für Kindergärten sowie in den Lehrplänen von Schulen und Universitäten; sie hat sich auch in das Europäische Parlament, was sich schon in den Jahren vorher abgezeichnet hatte, sowie in verschiedenen nationalen Parlamenten, Regierungen, Verwaltungen und in der Justiz zuerst schleichend und dann fest eingenistet. Die Gender-Strategen lassen nämlich nicht locker: Immer wieder gelangen Berichte von Abgeordneten in das Europäische Parlament, um die neomarxistische Agenda in Politik und Gesellschaft zu verbreiten und zu versuchen, sie durchzusetzen. Im Tarabella-Bericht – Marc Tarabella ist belgischer Politiker der sozialistischen Fraktion im Europäischen Parlament – geht es nämlich nicht um die harmlos klingende Verwirklichung der »Gleichstellung« zwischen Mann und Frau, auch wenn dies immer wieder in der Öffentlichkeit so verkauft wird, sondern tatsächlich geht es in diesem Bericht, der schon vor der Behandlung im Plenum im zuständigen »Ausschuss für die Rechte der Frau und die Gleichstellung der Geschlechter« verabschiedet worden war, um ein verschleiertes Abtreibungsplädoyer. Abtreibung wird, wie schon aus früheren Berichten dieses Parlaments bekannt, mit dem harmlos erscheinenden Begriff »sexuelle und reproduktive Gesundheit« verschleiert. Abtreibung soll in allen EU-Staaten zum Menschenrecht erklärt werden. Dabei interessieren die Parlamentarier weder die in zahlreichen EU-Mitgliedstaaten entgegenstehenden nationalen Gesetze noch die Tatsache, dass die EU in dieser Frage keinerlei Kompetenzen hat. Gleichzeitig wird mit der Forderung,

Abtreibung zum Menschenrecht zu erklären und in die jeweilige Landesverfassung aufzunehmen, die Aufforderung verbunden, die Vergabe von Finanzmitteln der EU an Entwicklungsländer mit der generellen Freigabe der Abtreibung in diesen Ländern zu verknüpfen. In Einzelfällen ist eine solche Mittelvergabe im Übrigen zum Beispiel an große Abtreibungsorganisationen unter dem irreführenden Begriff der »reproduktiven Gesundheit« schon jetzt gängige Praxis der EU. Wer die Denkweise einer Mehrheit der Mitglieder dieses Parlaments kennt, der ist auch nicht verwundert, dass als weitere Forderungen in diesem Bericht die Eingliederung aller Frauen in den Arbeitsprozess, die Fremdbetreuung der eigenen Kleinkinder und die stärkere Einbindung der Männer in Haushaltsarbeiten verlangt werden.

Schon im Juni 2015 stand ein weiterer Bericht der bayerischen Sozialistin Maria Noichl im Parlament zur Diskussion über die »Strategie der EU für die Gleichstellung von Frauen und Männern nach 2015« mit denselben zentralen Inhalten. Die Forderung, dass Abtreibung als Menschenrecht deklariert werden muss, wird übrigens ausgedehnt auch auf Minderjährige ohne Zustimmung der Eltern. Darüber hinaus wird ausdrücklich darauf hingewiesen, dass die Durchführung einer Abtreibung oder die Beteiligung an einer solchen von Ärzten, Krankenschwestern oder Pflegepersonal nicht aus Gewissensgründen verweigert werden darf.

Bereits in der vorangegangenen Wahlperiode hatte das Europäische Parlament mehrfach Debatten und Abstimmungen über dieses Thema veranstaltet. Auf die Berichte der portugiesischen Sozialistin Edite Estrela, der österreichischen Grünen Ulrike Lunacek und der deutschen SPD-Abgeordneten Maria Noichl hatten wir bereits hingewiesen. Das Europäische Parlament hat aber wohl inzwischen seine politische

86

Ohnmacht in diesen Fragen registriert und versucht nun, mit
einem anderen Ansatz neuen Druck bei den Nationalstaaten
aufzubauen. In einem Bericht der spanischen Abgeordneten
im Europäischen Parlament, Beatriz Becerra Basterrechea von
der liberalen Fraktion, über »die Förderung der Gleichstellung der Geschlechter in den Bereichen psychische Gesundheit und klinische Forschung«, über den im Februar 2017 de-
battiert und abgestimmt wurde, nachdem er bereits vorher im
»Ausschuss für die Rechte der Frau und die Gleichstellung der
Geschlechter« mit 19 : 11 Stimmen angenommen worden war,
wird kritisiert, dass die Zunahme der Ablehnung von Abtreibungen durch Ärzte eine »Gefahr für die Gesundheit und die
Rechte von Frauen« darstelle. Die Mitgliedstaaten müssten
garantieren, »dass in Krankenhäusern eine bestimmte Min-
destzahl an medizinischen Fachkräften zur Verfügung steht,
die Abtreibungen vornehmen«. Die Argumentation mit der
psychischen Gesundheit der Frauen ist der neue Zugang zu
»sexuellen und reproduktiven Rechten« und zu »legalen und
sicheren Abtreibungsmöglichkeiten« für alle Frauen. Würden
diese Rechte nicht gewährt, würden »das Leben und die Gesundheit von Frauen und Mädchen sowie von allen Menschen
mit Fortpflanzungsfähigkeit gefährdet, die Müttersterblich-
keit und Krankheitsrate bei Müttern erhöht und zur Verweh-
rung einer lebensrettenden Versorgung sowie zu einer erhöh-
ten Anzahl von illegalen Abtreibungen führen«. Etwa 10 bis
15 Prozent der Frauen in der EU würden nach und wegen der
Entbindung an »postnataler Depression leiden«. Neben solchen Depressionen kämen »Angstzustände und Stress sowie
Schuldgefühle« der Frauen hinzu. Schuld daran wären die
Männer, »die sich nicht ausreichend in die Hausarbeit und
die Erziehung der Kinder einbringen«. Es liegt in der eigenen
»Logik« dieses Berichtes, dass von Depressionen der Frauen
nach einer Abtreibung »natürlich« keine Rede ist, das Recht
und das Wohl eines Kindes überhaupt keine Erwähnung

finden und der Mann für viele negative Zustände verantwortlich ist. Also alle seit Jahren aus diesem Parlament bekannten
Einseitigkeiten und Klischees werden in ideologischer Ver-
blendung fortgeschrieben.[2]

Wenn man die ideologischen und geistigen Hintergründe dieser Art des Denkens verstehen will, müsste man bis ins
19. Jahrhundert zu Karl Marx und Friedrich Engels zurückgehen, die im *Kommunistischen Manifest* die Frauenfrage zur
Klassenfrage umgedeutet haben und zusätzlich die Personen
und Institutionen erwähnen, die nach dem Zweiten Weltkrieg
eine entscheidende Rolle gespielt haben. Dazu gehört vor allem auch die feministische Leitidee der französischen Philosophin Simone de Beauvoir, die 1947 ohne irgendeinen wissenschaftlichen Beweis erklärt hatte: »Man kommt nicht als
Frau zur Welt, man wird dazu gemacht.« Gabriele Kuby
spannt zur Frage der Entwicklung vom Feminismus über den
Radikalfeminismus bis zum Gender-Mainstreaming einen
eindrucksvollen historischen Bogen in ihrem lesenswerten
Buch *Die globale sexuelle Revolution*[3]. Es geht also bei allen Berichten zu diesem Thema im Europäischen Parlament
nicht nur um »Gleichstellung«, so schwammig und manipulativ dieser Begriff auch ist, sondern viel weitergehend um das
Aushebeln alter Kulturtraditionen, vor allem im christlich-jüdischen Kulturkreis. Für uns Christen geht es um den Schutz
der Menschenrechte und der Würde der Person vor einer tief
greifenden Manipulation. Es geht um die Zukunftsfähigkeit
Europas, um den Schutz der Kinder und Familien. Es geht darum, den Vormarsch der Gender-Ideologie, diese Expansion

---

[2] Bericht der spanischen Abgeordneten Beatriz Becerra Basterrechea: »För-
     derung der Gleichstellung der Geschlechter in den Bereichen psychische Ge-
     sundheit und klinische Forschung«; s. hierzu auch Stephan Baier, in: *Die
     Tagespost*, 9. Februar 2017.
[3] Gabriele Kuby, *Die globale sexuelle Revolution, Zerstörung der Freiheit
     im Namen der Freiheit*, Kißlegg 2014.

des Irrsinns, aufzuhalten, was vor allem christdemokratische Abgeordnete vor Augen haben sollten. Denn gerade als Christen tragen wir eine große Verantwortung bei diesem brutalen Kulturkampf des 21. Jahrhunderts, der keine Kompromisse zulässt und im Totalitarismus enden wird.

Nach einem christlich-jüdischen Grundsatz besitzen Mann und Frau die gleiche Menschlichkeit, die gleiche Personalität. Zwischen ihnen gibt es keine formale Gleichheit, wie sie die Sozialisten immer wieder beschwören, sondern eine personale Gleichwertigkeit, weil beider Würde in Gott und nicht in einer Naturkraft oder Sippe begründet ist. Gott hat den Menschen »nach seinem Bild als Mann und Frau geschaffen« (Gen 1,27). Deshalb nehmen beide den Auftrag ihres Schöpfergottes in gleicher Weise ernst: »Seid fruchtbar und vermehrt euch, bevölkert die Erde, unterwerft sie euch und herrscht über die Fische des Meeres, über die Vögel des Himmels und über alle Tiere, die sich auf dem Land regen« (Gen 1,28).

Und erinnern wir uns: Nicht nur der heilige Papst Johannes Paul II. hat eindringlich vor diesem Kulturverfall und dieser Manipulation gewarnt. Auch Papst Benedikt XVI. hat immer wieder darauf verwiesen, dass der Mensch als »Ebenbild des Schöpfers« zu betrachten ist und dass es eine »Ökologie des Menschen« gibt, d. h. dass auch der Mensch eine Natur hat, »die er achten muss und die er nicht beliebig manipulieren kann«.[4] Schon in seinem 1992 erschienenen Buch *Wendezeit Europa? Diagnosen und Prognosen zur Lage von Kirche und Welt* hatte er als Kardinal darauf hingewiesen, dass ein Staat, der nach dem Prinzip der Gerechtigkeit konstituiert wurde, »Schöpfer und Schöpfung als Orientierungspunkte«

---

[4] Rede von Papst Benedikt XVI. vor der UN-Vollversammlung in New York am 18. April 2008 und seine Ansprache im Deutschen Bundestag in Berlin im September 2011 während seines Deutschlandbesuches.

einschließen muss, weil »ein grundsätzlich Gott gegenüber agnostischer Staat, der Recht nur noch auf Mehrheitsmeinungen aufbaut, von innen her zur Räuberbande absinkt«.[5]

Und Papst Franziskus hat ebenfalls unmissverständlich erklärt: »Die Gender-Ideologie ist dämonisch.«[6]
Das sind klare Worte, die deutlich machen: Es geht Christen nicht darum, Menschen mit homosexuellen Neigungen zu verdammen oder zu verurteilen! Auch sie besitzen als Menschen und Geschöpfe Gottes eine unveräußerliche Würde. Sie sind allerdings wie heterosexuelle Menschen auch dazu aufgerufen, ein Leben in Einklang mit dem Naturgesetz und den Geboten Gottes zu leben. Und jedes ungeborene Kind hat genauso wie jeder behinderte Mensch ein Recht auf Leben, weshalb es niemals ein Menschenrecht auf Tötung geben darf. Diese Gesetze auszuhebeln, die das Lebensrecht und die Würde des Menschen im Kern betreffen, führt, wie uns die Geschichte mehrfach gezeigt hat, zu katastrophalen Folgen. Dies darf nicht geschehen. Deshalb müssen wir uns wehren, denn mit dem Ausruhen in der Schweigespirale würden wir Schuld auf uns laden.

---

[5] Joseph Kardinal Ratzinger, *Wendezeit für Europa? Diagnosen und Prognosen zur Lage von Kirche und Welt*, a.a.O., S. 95 f.
[6] Ansprache beim Ad-limina-Besuch der österreichischen Bischöfe im Jahr 2014.

Feminismus und Gender-Ideologie zerstören Ehe und Familie sowie unsere christliche Kultur und demokratische Zivilisation

Bevor wir uns mit den Inhalten, Zielen, Methoden und Folgen des Feminismus und des Genderismus befassen, müssen wir zunächst die Frage beantworten, was diese beiden Begriffe bedeuten, wie diese Ideologien entstanden sind und was sie miteinander zu tun haben.

Beginnen wir mit dem Feminismus.

1. Feminismus

Der Feminismus entstand aus dem Kampf der Frauen für Gleichberechtigung. Aufgrund der früher vorhandenen Ungleichheiten, die noch bis ins 20. Jahrhundert hinein Realität waren – zum Beispiel Verweigerung des Wahlrechts, des Besuchs von höheren Schulen und Hochschulen, beruflicher Tätigkeiten in Führungspositionen und sozialer Absicherung –, war dieser Kampf verständlich und berechtigt. Inzwischen sind diese Forderungen aber bei uns und in vielen anderen Ländern, wenngleich noch nicht in allen, längst erfüllt.

1.1 Frauenfrage als Klassenfrage

Im 19. Jahrhundert wurde von Marx und Engels die Frauenfrage zur Klassenfrage umgedeutet.[1] Engels beschrieb 1884
in seinem Werk *Der Ursprung der Familie, des Privateigen-
tums und des Staats* die Unterdrückung des weiblichen Geschlechts durch das männliche und forderte die Abschaffung
der Familie, eine gleichwertige Eingliederung von Mann und
Frau in den Arbeitsprozess und die öffentliche Kindererzie-
hung. Diese aus dem Gedankengut einer kommunistischen
Ideologie stammenden radikalen Forderungen fanden vor allem im Laufe des 20. Jahrhunderts in verschiedenen Strömungen und unterschiedlichen Ansätzen immer wieder neue Nah-
rung und entwickelten sich bald zum Radikalfeminismus.

1.2 Radikalfeminismus

Wesentlich hierfür war die feministische Leitidee der französischen Philosophin Simone de Beauvoir aus dem Jahre 1949
mit der Aussage: »Man kommt nicht als Frau zur Welt, man
wird dazu gemacht.« Dies bedeutete, dass nicht mehr, wie bisher, »Gender« – im Lateinischen *genus* – ein Begriff ist, der
definiert, ob ein Wort männlich, weiblich oder sächlich ist,
sondern bei jedem Menschen statt des biologischen Status das
Bewusstsein eines Individuums als Mann oder Frau um-
schreibt. Die Gender-Identität einer Person hänge wesentlich
davon ab, wie diese Person als Kind erzogen wurde. Das Geschlecht sei nicht biologisch vorbestimmt, sondern individuell
selbst zu bestimmen, es sei sozial. Der Begriff *Gender,* der das
Wort »Sex« bzw. »Geschlecht« ersetzt, soll als Beweis dafür
stehen, dass die Erziehung und nicht die Biologie maßgebend

---

[1] Gabriele Kuby, *Die globale sexuelle Revolution. Zerstörung der Freiheit
im Namen der Freiheit,* a. a. O., S. 78 f.

92

für die Ausprägung der Geschlechterrolle ist. Das biologische Geschlecht stelle nämlich eine »Diktatur der Natur« über die freie Selbstdefinition des Menschen dar, und aus dieser Diktatur müsse er sich befreien und deshalb sein Geschlecht selbst bestimmen, das er selbstverständlich auch jederzeit wieder ändern könne.

Der Begriff »Gender-Mainstreaming« wurde erstmals auf der 3. UN-Weltfrauenkonferenz in Nairobi 1985 diskutiert und zehn Jahre später auf der Folgekonferenz 1995 in Peking weiterentwickelt und durchgesetzt sowie zum Leitprinzip der UNO erklärt. Die Konferenz wurde von Radikalfeministinnen dominiert.[2] Sie scheuten sich nicht, mit üblen Tricks die Konferenz zu manipulieren (zum Beispiel Fälschung von Übersetzungen, Änderung des Konsensprinzips bei Abstimmungen und kurzfristige Entscheidung der Verlängerung der Konferenz mit Verschiebung der Schlussabstimmung). Sie hatten sich drei Ziele gesetzt, die sie auch – zumindest auf dem Papier – erreichten, nämlich die »substanzielle Gleichheit« von Mann und Frau, die Aufhebung der Heterosexualität als Norm und die Dekonstruktion der Geschlechteridentität von Mann und Frau. Von 189 Staaten wurde eine »Aktionsplattform« unterzeichnet, in der Geschlechtergerechtigkeit zum konstituierenden Element von Demokratie erklärt wurde. Damit hatte sich die Gender-Ideologie festgesetzt und war nicht mehr aufzuhalten.

2. Genderismus

Genderismus, Gender-Ideologie oder Gender-Mainstreaming, also das Bemühen, Gender-Denken in der Gesellschaft zu

---

[2] *Ebd.*, S. 100 f.

verankern, hat überhaupt nichts mit der Gleichstellung von Mann und Frau zu tun, sondern ist ein viel weitergehendes Konzept, das die Bestimmung der geschlechtlichen Identität zur freien Wahl stellt. Die Bewegung ist als Folge militanter feministischer Strömungen besonders in den 60er-Jahren in den USA entstanden und vor allem mit dem Namen John Money verbunden, der als Professor für medizinische Psychologie an der Universität in Baltimore mit Transsexuellen experimentiert hatte. Die Theorie, dass es »objektive biologische Definitionsmerkmale der Geschlechter erkenntnistheoretisch nicht gibt«, wird einfach behauptet, ohne einen einzigen wissenschaftlichen Beweis dafür zu liefern. Und deshalb sei das Geschlecht nicht mehr biologisch (Sex), sondern soziologisch/sozial (Gender) zu bestimmen. Die Zeugung als natürliche Weitergabe des Lebens oder, anders ausgedrückt, die ontologische Zusammengehörigkeit von Geschlechtlichkeit und Fortpflanzungsfähigkeit wird radikal infrage gestellt, weshalb der Ruf der Gender-Ideologen, für LGBT-Paare *(Lesbian – Gay – Bisexual – Transgender,* oft auch LGBTI, I für *Intersexual)* die künstliche Fortpflanzung zu öffnen, immer lauter wird.

Interessant ist übrigens das Paradoxon in dieser Ideologie, dass nämlich einerseits (in der Theorie) die Existenz bipolarer Geschlechter bestritten wird, andererseits aber (in der politischen Praxis) zahlreiche Forderungen zur Privilegierung von Frauen aufgrund ihres biologischen Geschlechtes erhoben werden (Förderprogramme nur für Frauen, Frauenquoten, Bevorzugung bei Einstellungen ...). Wahrscheinlich ist, dass bald auch ähnliche Quoten für Homo- und Transsexuelle gefordert werden.

Die Europäische Union (EU) erklärte 1997 im Amsterdamer Vertrag – er trat 1999 in Kraft – Gender-Mainstreaming zu einer verbindlichen Aufgabe für alle ihre Mitgliedstaaten und verankerte diese Ideologie auch in ihren beschäftigungspolitischen Leitlinien im selben Jahr.

In Deutschland wurde 1999 Gender-Mainstreaming »zum Leitprinzip und zur Querschnittsaufgabe der Politik« erklärt – übrigens durch Kabinettsbeschluss, nicht nach Debatte und Abstimmung im Deutschen Bundestag –, und 2003 wurde im Vollzug des Koalitionsvertrages der rot-grünen Bundesregierung ein Gender-Kompetenz-Zentrum an der Humboldt-Universität zu Berlin eröffnet.

2.1 Wegbereiter der sexuellen Revolution

Es gibt zahlreiche Namen, die genannt, und Linien, die bei der Entwicklung der sexuellen Revolution in den letzten zweihundert Jahren nachgezeichnet werden müssen, weil sie alle mehr oder weniger auf die heutigen Theorien Einfluss hatten. Ich werde mich auf einige wenige beschränken:

In der Zeit der Französischen Revolution hat vor allem der Marquis de Sade jede nur denkbare Perversität bis zum Sadomasochismus (Verbindung von der Lust an der aktiven Schmerzzufügung, Sadismus, mit der Lust an passiver Schmerzerduldung, Masochismus) erdacht und wie kein anderer zu dieser Zeit zur Politisierung von Sex und Sexualisierung der Politik beigetragen. Er und zahlreiche andere Intellektuelle wie Jean-Jacques Rousseau, Auguste Comte, Friedrich Nietzsche, Sigmund Freud, C. G. Jung, Wilhelm Reich oder Alfred Kinsey haben die philosophischen, politischen oder psychologischen Ideen geliefert. Simone de Beauvoir hatten wir schon erwähnt, die die patriarchale Unterdrückung geißelte, die Schwangerschaft als eine »Verstümmelung« und den Fötus als »Parasiten« bezeichnete. Auch die lesbische Judith Butler, amerikanische Philosophin, darf in dieser Aufzählung nicht fehlen, die die Geschlechterpolarität von Mann und Frau leugnete und als Chefideologin des Genderismus bezeichnet wird. Der über 200-jährige Kulturkampf, immer auch von Hass und Ablehnung gegen die katholische Kirche bestimmt, hatte das primäre Ziel, einen manipulier- und kontrollierbaren Menschen zu schaffen. Die Antriebe waren zwar unterschiedlich, haben wegen des gemeinsamen Zieles aber immer zu mächtigen Koalitionen geführt, zum Beispiel:

- der Malthusianismus, der wegen des behaupteten schnelleren Wachstums der Bevölkerung im Vergleich zur Nahrungsmittelproduktion die Weltbevölkerung reduzieren wollte;
- in das gleiche Horn stieß der »Club of Rome« mit dem 1972 erschienenen Buch *The Limits to Growth* (»Die Grenzen des Wachstums«)[3], in dem er die weitgehende Erschöpfung der Bodenschätze und der Ölvorräte bis zum Jahr 2000 voraussagte;
- die Eugenik-Bewegung, die die Qualität der Menschen erhöhen und ihre Quantität reduzieren wollte;
- die Herrschaftsinteressen von Reichen und Mächtigen in den USA, die in der niedrigen Geburtenrate der Oberklasse und der hohen in der Unterklasse den Verlust ihrer Macht befürchteten; insbesondere die finanzstarke *Rockefeller Foundation* setzte deshalb früh auf Geburtenkontrolle durch die Antibabypille und Legalisierung der Abtreibung und versorgt bis heute die großen Abtreibungsorganisationen in der Welt, vor allem die *International Planned Parenthood Federation,* mit hohen Finanzmitteln, deren besondere Förderung sich die Präsidentschaftskandidatin in den USA 2016, Hillary Clinton, vorgenommen hatte und in der Förderhöhe noch ihren Vorgänger Barack Obama übertreffen wollte;

---

[3] Donella H. Meadows, *The Limits to Growth: A Report for the Club of Rome's Project on the Predicament of Mankind,* Universe Pub 1972.

– der Kommunismus, der sich ideologisch zum Ziel gesetzt hatte, die Familie und die Religion zu zerstören, weil diese zur Bildung einer klassenlosen Gesellschaft Hindernisse waren;

– die feministische Bewegung, die nach Simone de Beauvoir die Frauen aus »der Sklaverei der Ehe und der Mutterschaft« befreien wollte und

– die Homosexuellen-Bewegung, die, wie ihre Protagonisten sagen, die »Zwangsheterosexualität« abschaffen will.

2.2 Durchbruch nach der 68er-Studentenrevolte

Es ist keine Frage, dass der große Durchbruch mit der Studentenrevolte 1968 gelang, die sich auf der Grundlage der kritischen Theorie der »Frankfurter Schule« zum Ziel gesetzt hatte, Herrschaft abzuschaffen, die bestehende Gesellschaft zu verändern und die reale Wirklichkeit grundsätzlich zu verneinen (Rudolf Willeke, *Hintergründe der 68er-Kulturrevolution*). Ihre vier zentralen Thesen lauteten, kurz gefasst, wie folgt:

Erstens: Nach der *religionsphilosophischen* These ist Gott eine falsche Hypothese, Theologie ist sinnlos. Gott ist lediglich ein Fantasieprodukt leidender Menschen. Ohne diesen obersten Wert verlieren *alle* Werte und Orientierungen an Bedeutung.

Zweitens: Nach der *anthropologischen* These werden die alten Menschen als kapitalistisch deformiert und als psychisch krank bezeichnet. Sie müssen deshalb durch einen neuen Menschen ersetzt werden. Das Gewissen des Menschen ist nach Adorno ein »Schandmal einer unfreien Gesellschaft«. Perversionen sind nach Marcuse Urbilder völliger Freiheit und Erfüllung. Sie erlauben alles, was zwei Partnern Vergnügen bereitet. Absolut Böses gibt es nicht.

Drittens: Nach der *Faschismusthese* wird die Familie zur Ursache des autoritären Charakters und nach Horkheimer zur massenpsychologischen Grundlage des Faschismus erklärt. Die Ehe sei ohnehin geschichtlich überholt. Marcuse fordert die Erziehung eines antiautoritären Charakters, d. h. eines Menschen, der sich allen Erwartungen und Verpflichtungen der Gesellschaft verweigert und stattdessen ausschließlich seinen eigenen Bedürfnissen nachgeht. Die Erziehungsdevise lautet: Lustprinzip statt Leistungsprinzip.

Viertens: Die *gesellschafts- und geschichtsphilosophische* These sagt: Das Ganze ist falsch. Der Geist der Geschichte ist die permanente Katastrophe. Diese Gesellschaft ist eine Gesellschaft der totalen Herrschaft und Unterdrückung. Da der technische Fortschritt lediglich das kapitalistische System stabilisiert, weil Technik den Menschen versklavt und sein Denken deformiert, befürwortet Adorno die Anarchie als Aufstand gegen den technischen Fortschritt, und Marcuse billigt den unterdrückten Minderheiten ein »Naturrecht« auf Widerstand zu. Habermas und Horkheimer fordern und versprechen eine völlig herrschaftsfreie Gesellschaft, aber wir wissen doch, dass in einer solchen Gesellschaft das Recht des Stärkeren und Anarchie herrschen: *homo homini lupus* (»der Mensch ist des Menschen Wolf«) – *bellum omnium contra omnes* (»Krieg aller gegen alle«). Nach Papst Benedikt XVI. ist dies das Prinzip der Räuberbande unter Missachtung des Rechts.

Zusammenfassend ist festzuhalten, dass diese Thesen der kritischen Theorie auf Feminismus und Genderismus großen Einfluss ausgeübt und ihre Entwicklung vorangebracht haben. Die Folgen dieses politischen und gesellschaftlichen Siegeszuges sind längst deutlich spürbar, zum Beispiel in der Schwächung der Erziehungskraft der Familie, im allgemeinen Werteverfall unserer Gesellschaft, im Wandel des Bewusstseins, in der Absenkung von Hemmschwellen oder auch im nachlassenden Willen von Institutionen, sich gegen bestimmte Entwicklungen zu wehren, sowie in der unreflektierten Angepasstheit vieler Menschen an den gesellschaftlichen Mainstream und an die »Political Correctness«.

Nachdem die Grundlagen des Feminismus und Genderismus beschrieben sind, können wir jetzt konkrete Inhalte besser verstehen.

Stellen wir noch einmal zusammenhängend die Inhalte und Ziele der Gender-Ideologie kurz dar:

2.3 Inhalte und Ziele

Die UNO-Weltkonferenz in Peking 1995 hatte eine »Aktionsplattform« verabschiedet, die Dale O'Leary als Teilnehmerin an dieser Konferenz wie folgt zusammengefasst hat:

1. »In der Welt braucht es weniger Menschen und mehr sexuelle Vergnügungen. Es braucht die Abschaffung der Unterschiede zwischen Männern und Frauen sowie die Abschaffung der Vollzeit-Mütter.
2. Da mehr sexuelles Vergnügen zu mehr Kindern führen kann, braucht es freien Zugang zu Verhütung und Abtreibung für alle und Förderung homosexuellen Verhaltens, da es dabei nicht zur Empfängnis kommt.
3. In der Welt braucht es einen Sexualkundeunterricht für Kinder und Jugendliche, der zu sexuellem Experimentieren ermutigt; es braucht die Abschaffung der Rechte der Eltern über ihre Kinder.
4. Die Welt braucht eine 50/50-Männer/Frauen-Quotenregelung für alle Arbeits- und Lebensbereiche. Alle Frauen müssen zu möglichst allen Zeiten einer Erwerbsarbeit nachgehen.

5. Religionen, die diese Agenda nicht mitmachen, müssen der Lächerlichkeit preisgegeben werden.«[4]

Die Dekonstruktion der Geschlechteridentitäten und die Beseitigung jeder moralischen Bewertung und Begrenzung sexueller Handlungen, d. h. also Abschaffung aller Normen und Grenzen der Sexualität, ist nach Peking in den Vordergrund gerückt und mit dem Zauberwort »Geschlechtervielfalt« versehen worden. Facebook zum Beispiel hat inzwischen sechzig Auswahlmöglichkeiten angeboten und eine Expertengruppe entwickelt weitere. Die *Frankfurter Allgemeine Zeitung* schrieb in einem Artikel im Feuilleton am 5. September 2014 hierzu in der Überschrift »Es fehlt nur noch Inter Mailand«. Statt Zeugung als natürlicher Weitergabe des Lebens werden die Forderung nach Adoption von Kindern und die Öffnung der künstlichen Fortpflanzung für LGBT-Paare aufgestellt. Interessant ist bei dieser Frage übrigens, dass einerseits die getrennte Rollenzuweisung von Mann und Frau abgelehnt wird, andererseits aber jeder weiß, dass auch Homosexuelle innerhalb dieser zweigeschlechtlichen Rollenprägung agieren. Die steigenden Raten der Ehescheidungen sind für Gender-Protagonisten nicht ein gesellschaftlicher Verfall, sondern ganz im Gegenteil eine begrüßenswerte Entwicklung zu mehr Gleichberechtigung der Geschlechter (die es aber doch eigentlich gar nicht mehr geben darf!).

Gender fordert darüber hinaus die Tötung von ungeborenen Kindern durch Abtreibung, die auch Minderjährigen ohne Zustimmung der Eltern erlaubt werden muss, keine Zulassung

---

[4]   Dale O'Leary, *The Gender Agenda. Redefining Equality,* Huntington House Publishers 1997. Die genannten fünf Punkte sind aus Teil I »direkt aus dem Englischen übersetzt«, wie zum Beispiel Christl R. Vonholdt in einer Zusammenfassung über das Buch von O'Leary ausdrücklich vermerkt (veröffentlicht beim »Deutschen Institut für Jugend und Gesellschaft«, Reichsheim).

der Berufung auf das eigene Gewissen, zum Beispiel durch Weigerung als Arzt, Krankenschwester oder Pfleger an einer Abtreibung mitzuwirken, und jede Art von Homo-»Ehe« als »Menschenrecht«.

Die Gender-Ideologen stört auch nicht im Geringsten, dass sie unbestritten gültige Naturgesetze infrage stellen und naturwissenschaftliche Erkenntnisse einfach nicht zur Kenntnis nehmen bzw. ohne Gegenbeweise leugnen. Deshalb fordern sie auch die Abschaffung von Biologie als eigenständiges Unterrichtsfach an den Schulen und die Ersetzung dieses Faches durch einen Fächerverbund, zum Beispiel durch »Naturphänomene und Technik«, da sie den Nachweis der Biologen, dass Männer und Frauen in bestimmten Bereichen grundverschieden sind und je eigene Stärken und Schwächen haben, für völlig inakzeptabel halten. Sie festigen ihre Position durch eine Fülle von Gleichstellungs- oder Frauenbeauftragten, besonders in den Verwaltungen der Kommunen, der Länder und des Bundes mit Zutrittsrecht zu den Sitzungen von Gremien, Einsicht in Personalakten und Mitsprache bei Stellenbesetzungen. An den deutschen Hochschulen gibt es zurzeit circa zweihundert Stellen für Gender-Forschung, was immer das heißen mag, dominant besetzt von Frauen, die sich vornehmlich mit sich selbst beschäftigen.

2.4 Folgen

Die Gender-Ideologie ist eine Pseudowissenschaft mit verhängnisvollen Folgen für die Gesellschaft. Sie verheißt dem Individuum grenzenlose Freiheit und verschweigt, dass sie es zum Sklaven von Begierden und zum Objekt von Manipulationen macht: »Die Macht des Menschen, aus sich zu machen, was ihm beliebt, bedeutet ... die Macht einiger weniger, aus anderen zu machen, was ihnen beliebt«, so schreibt es treffend C. S. Lewis, Professor für englische Literatur des Mittelalters, gestorben 1963, in seinem Essay *Die Abschaffung des Menschen*.[5] Und da dieser anthropologischen Revolution vor allem die biblische Schöpfungsordnung, die christliche Religion und die herkömmliche Familie im Wege stehen, werden diese besonders aggressiv bekämpft. Die Gender-Ideologie zerstört Ehe und Familie, verletzt die Würde des Menschen, schadet der Frau, weil diese nur nach ihrem Einsatz am Arbeitsplatz bewertet wird; sie schadet dem Mann, weil er als »Täter« verunglimpft wird, der die Frau zum »Opfer« macht; und sie schadet dem Kind, weil sie bei ihm vermehrt psychische Störungen verursacht. Durch den Abbau moralischer Orientierungen zerstört die Gender-Ideologie Ehe und Familie, weil sie insbesondere den Sinn der Ehe zur Weitergabe des Lebens verneint und Sexualität ausschließlich als Lustgewinn versteht, weshalb alle sexuellen Tabus angeblich Unsinn sind und verschwinden müssen. Auch wenn zurzeit die Pädophilie noch streitig diskutiert wird, bin ich ziemlich sicher, dass eines Tages gefordert wird, sie für »normal« zu erklären. Pädophile Aktivitäten waren im Lager der »Grünen« kein Betriebsunfall, sondern gefordert und gewollt. Und wie werden dann danach die Vielweiberei (Polygamie), die Vielmännerei (Polyandrie), sexuelle Handlungen von Menschen mit Tieren (Sodomie) und sexuelle Beziehungen zwischen engen Verwandten (Inzest) gesehen, wenn ja alles als normal, gleichwertig und gleichberechtigt bewertet wird? Sogenannte »Familien«-Politik wird mit höchster Priorität für die Belange sexueller Minderheiten konzipiert (LGBTI-Gruppen), weil sie sich selbst nicht fortpflanzen können, und Empfängnisverhütung und Abtreibung werden weiter massiv gefordert und gefördert. Auch die bisherige gesetzliche Verweigerung der

---

[5] C. S. Lewis, *Die Abschaffung des Menschen*, Einsiedeln 2012, S. 62.

Leihmutterschaft wird bei uns, so meine Prognose, auf Dauer keinen Bestand haben, weil dahinter eine große Industrie mit gewaltigem Kapital steht.

2.5 Methoden zur Durchsetzung

Ich hatte bereits darauf hingewiesen, dass alle genannten Ziele, Inhalte und Strategien nicht öffentlich diskutiert werden, weder im Parlament noch in den Medien. Obwohl diese Strategien die Lebensbedingungen der Menschen massiv verändern, werden sie in den Konferenzen der UNO und in ihren Unterorganisationen, auf zahlreichen Ebenen der EU, unterstützt von einer Fülle von Lobbygruppen mit hohen Finanzmitteln, und durch Beschlüsse und Aktionspläne der Regierungen entschieden und in den Nationalstaaten umgesetzt ohne parlamentarische Mitbeteiligung. Alle linken, grünen und liberalen Parteien unterstützen diese Politik inhaltlich und methodisch, und die Christdemokraten tolerieren sie bzw. waren in manchen Ländern sogar Vorreiter.[6] Das heißt also: Die strategische Durchsetzung erfolgt im Verborgenen. Dies ist die *erste* wichtige Methode.

Die *zweite* Methode ist der sogenannte »generische Sprachfeminismus«, also die Genderung der Sprache, angefangen von der Ausrottung männerdominierter Begriffe (zum Beispiel neu: Lehrperson – Medizinalperson – Arbeitnehmende – Rentenempfangende – Zufußgehende) über die Ausrottung vermeintlich diskriminierender oder sogenannter rassistischer Begriffe (Schwarzer – Negerkuss – Zigeunerschnitzel – Sinti und Roma) bis zur Genderung von Märchenfiguren in Kinder- und Märchenbüchern.[7] Darüber hinaus werden Frauen

---

6   S. hierzu auch: Vladimir Palko, *Die Löwen kommen*, a. a. O.
7   Heinz Buschkowsky, *Die andere Gesellschaft*, Berlin 2014, S. 205 f.

in der Sprache bewusst sichtbarer gemacht (Bischöfin – Soldatin – Christinnen – Wählerinnen – Professorinnen) oder bekommen den Vortritt (Eva und Adam – Isolde und Tristan), oder es werden Begriffe mit neuem Inhalt gefüllt (sexuelle Vielfalt) oder als Waffe zur Diffamierung der Gegner benutzt (Rassist – Faschist – Homophobie). Die Sprache ist, wie die Gender-Ideologen sagen, »geschlechtergerecht« geworden. Seit 2006 gibt es sogar eine Bibelübersetzung, die der »massiv patriarchalischen Welt« der Bibel die Stirn bieten möchte und die Heilige Schrift jetzt neu »Bibel in gerechter Sprache« nennt.

Die *dritte* Methode, kontinuierlich von politischer und medialer Propaganda begleitet, ist der ständige Versuch, neue, sehr fragwürdige gesetzliche Grundlagen, sogenannte Antidiskriminierungs- oder Hassgesetze, zu schaffen, die eine strafrechtliche Verfolgung aller Kritiker und Gegner erlauben. Wer zum Beispiel einen Homosexuellen nur toleriert, aber nicht akzeptiert, dass er in jeder Beziehung den Heterosexuellen gleichgestellt wird, der diskriminiert, ist homophob, somit rassistisch und muss deshalb strafrechtlich verfolgt werden. Häufig wird zusätzlich betont, dass damit vor allem die »fundamentalistischen Christen« gemeint sind und diese gewarnt werden sollen.

Eine Realsatire am Rande: Die damals verantwortliche österreichische Bundesministerin für Bildung und Frauen hat vor einiger Zeit eine Broschüre zum Thema »Gewalt gegen Frauen« herausgegeben und sich darin u. a. auch mit der Gender-Gerechtigkeit bei Steinigungen befasst. Ja, wirklich! Sie haben richtig gelesen! Die Bundesministerin Gabriele Heinisch-Hosek von der SPÖ stellte darin fest, dass die Durchführung der Steinigung »eindeutig Nachteile für Frauen aufweist«, weil Frauen nämlich tiefer eingegraben werden als Männer. Brauchen Sie noch zusätzliche Beweise für den abgrundtiefen

Unsinn dieser Ideologie und ihrer Verfasser? Man könnte laut lachen, wenn es nicht so ernst wäre!

Die *vierte* Methode besteht darin, sich der Betreuungs- und Bildungseinrichtungen zu bemächtigen, um Kinder und Jugendliche so früh wie möglich im Sinne von Gender zu manipulieren.

Die *Kindertagesstätten (Kitas)* werden benutzt, um die Voraussetzungen für die Befreiung der Frau aus den »Herrschaftsverhältnissen« einer Ehe zu schaffen. Deshalb erhalten die Frauen, die im Arbeitsprozess stehen, vom Staat viel höhere Finanzmittel als solche, die es vorziehen, ihre Kinder zu Hause zu erziehen. Dabei werden die wissenschaftlichen Erkenntnisse, vor allem aus der Hirn- und Hormonforschung sowie der Sozialpädiatrie, dass für Kleinkinder Bindung vor Bildung kommt, weil Bindung Vertrauen und Sicherheit schafft, bewusst ignoriert, weil man ja solche Ergebnisse für das Gender-Umerziehungsprogramm nicht gebrauchen kann.

Für die *Schulen* haben sich die Gender-Ideologen als Verkaufsschlager die »sexuelle Vielfalt« ausgedacht. In den dafür konzipierten Projekten, nicht selten von Pädophilen und ihren Schülern und Anhängern verfasst, sollen zum Beispiel Zehn- bis Fünfzehnjährige ihrer Schulklasse über ihre Sexualerfahrungen berichten, *dirty talks* und Stöhnen üben, Analsex in einem Theaterstück darstellen, über das Thema »Ein neuer Puff« diskutieren und »galaktische Sexualpraktiken« erfinden, die auf der Erde verboten sind. Und im Projekt »Gänsehaut« üben Zehnjährige Massagen, wobei es in den Anweisungen dazu heißt, dass »dünne Kleidung genügt, damit der unterschiedliche Druck und die verschiedenen Streichrichtungen auch erspürt werden können«. Es wird alles für korrekt und gut erklärt, was von der Norm abweicht und Spaß macht. Der Lustaspekt ist entscheidend, den die Schülerinnen und Schüler »tastend, sehend, fühlend, schmeckend und hörend erfahren« sollen, so der Jugendforscher Martin

Voigt in seinem Artikel »Aufklärung oder Anleitung zum Sex?«.[8]

Und schließlich die *Hochschulen*, bei denen ich bereits darauf hingewiesen habe, dass in Deutschland inzwischen circa zweihundert Stellen für »Gender-Forschung« zur Verfügung stehen, die in der großen Mehrheit von Frauen besetzt sind. Die neuen Türschilder in den Universitäten lauten: Gender Studies, Frauen- und Geschlechterforschung, transdisziplinäre Geschlechterstudien, Queer Studies u. Ä. »Das hohe Ideal der Verpflichtung der Wissenschaft auf Objektivität und Wahrheit wird aufgegeben und der Anspruch der Wissenschaftlichkeit missbraucht, um die Akzeptanz von *queeren* Sexualpraktiken in der Gesellschaft durchzusetzen.«[9]

3. Schluss

Bei einigen Passagen, die Sie gelesen haben, haben Sie sicher gedacht, da kann doch vieles so nicht sein, dafür klingt es zu komisch und absurd. Es ist aber leider die Realität. In den letzten zwanzig bis dreißig Jahren ist Gender eine Ideologie mit totalem Herrschaftsanspruch geworden. Sie hat sich als Pseudowissenschaft mit verhängnisvollen Folgen für Ehe, Familie und Gesellschaft entwickelt. Die Zahlen der Ehescheidungen, Homo-Ehen und unehelichen Kinder nehmen zu. Im schwarz-roten Koalitionsvertrag der jetzigen deutschen Bundesregierung zum Beispiel suchen wir vergeblich eine Stelle, in der auf den grundgesetzlich garantierten »besonderen Schutz von Ehe und Familie ... durch die staatliche Ordnung« hingewiesen wird. Stattdessen können Sie den Satz lesen: »Wir

---

[8] Martin Voigt, »Aufklärung oder Anleitung zum Sex?«, in: *Frankfurter Allgemeine Zeitung*, 22. Oktober 2014.

[9] Gabriele Kuby, *Die globale sexuelle Revolution. Zerstörung der Freiheit im Namen der Freiheit*, a. a. O., S. 160–163, bes. S. 162.

wissen, dass in gleichgeschlechtlichen Partnerschaften Werte gelebt werden, die grundlegend für unsere Gesellschaft sind.« Die stärkste Fraktion ist eine christdemokratische! Wer kritische Fragen stellt, wird diskriminiert, wer mitmacht, wird belohnt, und wer sich verweigert, wird ausgegrenzt und von öffentlichen Finanztöpfen ferngehalten. Familien zerfallen, psychische Störungen, insbesondere auch bei Kindern, nehmen zu, die Praxen von Psychologen und Psychotherapeuten sind überlaufen, besonders von Kindern und Jugendlichen, es gibt kein Lebensrecht von Ungeborenen, schon gar nicht von Behinderten, und auch über der Diskussion über die Hilfe beim Selbstmord liegt der Schleier der Ausgrenzung und Beseitigung von alten Menschen, weil sie der Gesellschaft viel zu teuer und lästig werden. Nicht nur die Religionsfreiheit wird beschnitten, sondern auch die Freiheit der Sprache, der Bildung und Wissenschaft sowie der Meinungsfreiheit, und die Gesellschaft fühlt sich wohl im Relativismus. Wir wissen aber aus der Geschichte, dass Hochkulturen durch Verpflichtungen zur Enthaltsamkeit und zum Maßhalten entstehen und es zwischen Triebregulierung und Kulturniveau einen Zusammenhang gibt. Als Beispiel ist die Geschichte des Römischen Reiches bis zu seinem Untergang zu nennen. Der Werteverfall und ein Verlust des Kulturniveaus in unserer Gesellschaft sind längst spürbar, aber viele Bürger bemerken dies immer noch nicht oder wollen es nicht wahrhaben, zumal es von großen Teilen der Politik und der Medien tabuisiert wird. Haben wir den Satz »Das habe ich doch alles gar nicht gewusst« in unserer deutschen Geschichte nicht schon einmal gehört?

Und deshalb müssen wir die ganz ernst gemeinte Frage stellen: Wollen wir denn überhaupt noch Werte verteidigen? Und wenn ja, welche sind es denn? Eine hohe Scheidungsrate, Homo-Ehen, Abtreibung von mehr als 100 000 ungeborenen Babys pro Jahr, Abschieben unserer Kinder in staatliche Betreuungsanstalten,

Verachtung gegenüber Behinderten, Wegschieben der alten Menschen, Ersetzung von ehelicher Treue, Liebe, Verantwortung und Verzeihung durch eine »Pille-Porno-Puff-Idylle«?[10] Welche Werte sollen künftig gelten? Die natürliche Würde des Menschen oder totales Lustprinzip? Die Botschaft des Christentums zu einer sexuellen Enthaltsamkeit bis zur Eheschließung oder ungebremstes Lustprinzip und sexuelle Vielfalt? Wir sind dabei, unsere wichtigsten kulturellen Errungenschaften – vertrauensvolle Mutter-Kind-Bindung, stabile Ehen und Familien sowie verantwortete sexuelle Beziehungen – zu zerstören.

Papst Franziskus hat im Jahr 2014 beim Ad-limina-Besuch der österreichischen Bischöfe gesagt: »Die Gender-Ideologie ist dämonisch.«

Ein jüdisch-christlicher Grundsatz lautet, dass Mann und Frau die gleiche Menschlichkeit besitzen, weil beider Würde in Gott und nicht in einer Naturkraft oder Sippe begründet ist. Nach christlichem Verständnis gibt es keine formale Gleichheit zwischen Mann und Frau – das ist sozialistisch –, sondern eine Gleichwertigkeit. Die Heilige Schrift sagt uns, dass Gott den Menschen »als sein Abbild, als Mann und Frau« (Gen 1,27) erschaffen hat. Leben und Leben geben bleiben Folge biologischer Geschlechtlichkeit und nicht eines sozialen Geschlechts und künstlicher Fertilisation. Die Gender-Ideologen aber sehen das Individuum »nur als Sexus, nicht aber als Person«, doch jeder Mann und jede Frau sind mehr als nur Geschlecht, jeder ist vorrangig Personalität, mehr als biologisch Frau und biologisch Mann.[11]

---

[10] Martin Voigt, »Wer sind wir eigentlich«?, in: *Die Tagespost*, 7. Februar 2015.
[11] Hanna-Barbara Gerl-Falkovitz, *Frau – Männin – Menschin*, Kevelaer 2016, S. 192–209.

Gabriele Kuby beendet ihr lesenswertes Buch *Die globale sexuelle Revolution*[12] mit folgendem Satz: »Es ist höchste Zeit, die Schweigespirale zu durchbrechen. Je länger wir warten, umso höher wird der Preis. Wir können etwas verändern! Es gibt Tausende von Initiativen, die sich für die Würde des Menschen einsetzen. Es lohnt sich, sich für die geistige und moralische Erneuerung zu engagieren, welche auf unser europäisches Erbe aufbaut – die wahre Quelle individueller und politischer Freiheit. Die Triumphe des Bösen sind immer nur Vorstufen für den Sieg des Guten.«

Hoffen wir, dass der letzte Satz richtig ist. Wenn er stimmt, dann müssen wir für den Sieg des Guten jedoch kämpfen, denn dieser fällt uns nicht einfach zu.

Ich habe deshalb versucht, Sie aufzurütteln in der Hoffnung, in Ihnen neue mutige Mitstreiter gefunden zu haben. Denn wir brauchen keine Angst zu haben, wenn wir dem Papstwort vertrauen: »Wo Gott ist, da ist Zukunft!«

---

[12] Gabriele Kuby, *Die globale sexuelle Revolution. Zerstörung der Freiheit im Namen der Freiheit*, a. a. O., S. 422.

Verschweigen, verharmlosen und verzerren: Auseinandersetzung mit Nationalstaat und Populismus

Das westliche Europa war lange damit beschäftigt, seiner Empörung über die Wahl von Donald Trump zum neuen Präsidenten der USA, dessen Amtszeit im Januar 2017 begonnen hat, freien Lauf zu lassen. Auch in Deutschland bebte ein Großteil der politischen und medialen »Elite«, die nicht bereit war, das Wahlergebnis eines anderen Landes zu akzeptieren. Auch Vertreter unserer Regierung verurteilten dieses Ergebnis, das sie nicht erwartet und nicht gewollt hatten. Die interessengeleiteten Prognosen der Umfrage-Institute in den USA hatten sie zu sicher gemacht.

Bundeskanzlerin Angela Merkel hielt es für angebracht, die USA zur Beibehaltung der »gemeinsamen Werte« aufzufordern. Die Ministerin der Verteidigung, Ursula von der Leyen, sprach von einem »schweren Schock« und belehrte Trump, was er in seinen politischen Entscheidungen im Unterschied zu seinen Aussagen im Wahlkampf zu ändern habe. Und der damalige Außenminister Frank-Walter Steinmeier schließlich hatte Trump schon im Wahlkampf einen »Hassprediger« genannt und ihm nach seinem Wahlsieg sogar die nach diplomatischen Gepflogenheiten selbstverständliche Gratulation verweigert.

Genauso typisch wie die Empörungswelle war in deutschen Medien das weitgehende Ausblenden der politischen Positionen und Verunglimpfungen der unterlegenen Mitbewerberin Hillary Clinton: Vernetzung mit der reichen Finanzelite einschließlich hoher Zuwendungen für die Clinton-Stiftung, jahrelange Benutzung ihres privaten Laptops für dienstliche E-Mails als Außenministerin, massive Unterstützung der Homosexuellen-Lobby, der Feministinnen und die Drohung an die Adresse der Abtreibungsgegner, staatliche Zwangsmaßnahmen einzuleiten, wenn sie sich weiterhin, vornehmlich aus religiösen Gründen,»fortschrittlichen« gesellschaftlichen Veränderungen wie Erweiterung der Frauenrechte sowie Akzeptanz von Gender-Ideologie und Homo-»Ehen« widersetzen würden bis hin zur Zusage noch höherer finanzieller Zuwendungen für die *International Planned Parenthood Federation*, die größte Abtreibungsorganisation der Welt, denn Abtreibung sei für alle Frauen ein selbstverständliches Menschenrecht.

Und Barack Obama, der Vorgänger von Trump im Amt des Präsidenten, ebenfalls Befürworter der Abtreibung, Gender-Bewegung und Homo-»Ehe«, der außerdem Russland auf eine Regionalmacht heruntergestuft, im Syrien-Krieg und im Kampf gegen den IS-Terror eine dubiose Rolle gespielt, weder den Irak und Afghanistan befriedet noch das Problem Guantanamo gelöst hatte, hielt es politisch für besonders klug, bei seinem Abschiedsbesuch in Berlin die deutsche Bundeskanzlerin als »meine wunderbare Freundin« zu preisen.

Angela Merkel, die von den USA in der Flüchtlingsfrage im Stich gelassen und deren Handy von amerikanischen Geheimdiensten abgehört worden war, erwiderte dankbar, dass es sich gezeigt habe,»wie wichtig die Kooperation der Geheimdienste zum Schutz vor Terroranschlägen sei« und dass Obama in seinem Land »eine Lanze für die Privatsphäre gebrochen« habe.

Aber diese Tatsachen wurden bei uns nicht öffentlich diskutiert, sondern stattdessen wurde der Präsidentenwechsel in den USA fast ausschließlich mit der schlimmen Rückkehr von Nationalismus und Populismus erklärt. Nicht nur in den USA sei diese fatale Entwicklung zu beobachten, sondern in einer

Reihe von europäischen Ländern wie zum Beispiel neben Deutschland auch in Großbritannien, Frankreich und in den Niederlanden, die einen »gefährlichen Weg nach rechts« eingeschlagen hätten. Dieser Vorwurf wurde schon lange vor den Wahlterminen in den genannten Ländern erhoben.

Was unter Nationalstaat, der nach Vorstellung seiner Gegner keine Zukunft mehr haben darf, präzise gemeint ist, wird nicht gesagt. Freimaurer wollen den »Weltgeist«, das »Weltethos«, und nur wenige stellen die entscheidende Frage, wer denn nach welcher Legitimation eine solche Weltherrschaft antritt und sie mit welchen Zielen, Inhalten und Methoden ausübt.

Die anderen bekämpfen vor allem die christliche Religion, deren Anhänger sie als Erzkonservative, Rechte, Fundamentalisten und Faschisten beschimpfen. Mit ihnen, sagen sie, darf die Nation keine Zukunft haben. Einer der Grundgedanken der christlichen Soziallehre, die Subsidiarität, die darstellt und begründet, warum eine größere staatliche Einheit immer nur das tun soll oder darf, was die untere Einheit nicht (genauso gut) kann, wird nicht zur Kenntnis genommen. Also: Der Nationalstaat Deutschland muss aufgelöst oder mindestens auf ein Maß relativer Bedeutungslosigkeit herabgestuft werden, weil die größere Einheit, Europäische Union (EU), alles besser macht. Darf man nationale Interessen nicht mehr vertreten wegen der gewollten Durchsetzung der »Willkommenskultur« und einer neuen Multikulti-Gesellschaft, die man sich als Ausweg aus der demografischen Krise unseres Landes vorstellt? Kein Wunder, dass nach über 100 000 Abtreibungen pro Jahr in Deutschland seit mehreren Jahrzehnten ohne genaue Kenntnis einer hohen Dunkelziffer Arbeitskräfte fehlen und die Regierung versucht, diesem Arbeitskräftemangel mit anderen Maßnahmen zu begegnen.

Unzweifelhaft hat die EU bisher in ihren eigenen Reihen Frieden, Freiheit und weitgehende Rechtsstaatlichkeit gesichert. Aber hat sie sich nicht auch Entscheidungen in Politikfeldern angemaßt, für die sie nach den Verträgen gar keine Befugnisse besitzt? Das gilt für Ehe und Familie, Abtreibung, Gender-Mainstreaming, Akzeptanz der Homosexualität und die Einschränkung von Grundrechten in allen Mitgliedstaaten, beispielsweise in der Ablehnung der Berufung auf das eigene Gewissen in Lebensschutzfragen. Ist ihr immer noch nicht klar, dass ein Staatsbürger kein zufriedener und dem Staat gegenüber loyaler Bürger wird, wenn er von Entscheidungen, die seine vitalen Interessen ausmachen, ausgeschlossen wird? Und wie steht es in dieser Gemeinschaft mit ihrem Werteverständnis? Ist dieses noch von der Kultur und Tradition des christlichen Abendlandes geprägt? Hat die EU noch die gleichen ethischen Grundwerte, wie sie ihre christlichen Gründerväter Konrad Adenauer, Robert Schuman und Alcide De Gasperi vertreten haben? Was meinen denn eigentlich Regierungsvertreter aus EU-Ländern damit, wenn sie davon reden, dass sie »unsere Werte« verteidigen wollen? Und darüber hinaus ist es außerordentlich besorgniserregend, wie viele Verträge in den letzten Jahren in der EU gebrochen worden sind, zum Beispiel in Bezug auf die zugesagte Subsidiarität, Solidität, Geldwertstabilität, keine Gemeinschaftshaftung für die Schulden anderer Mitgliedstaaten oder keine Hilfe der Europäischen Zentralbank bei der Staatsfinanzierung. Der frühere Bundesverfassungsrichter Udo Di Fabio bilanzierte in einem Artikel »Europas Werte, Europas Würde« in der *Frankfurter Allgemeinen Zeitung* vom 23. Mai 2016, dass die EU-Rechtsgemeinschaft ein »beliebiges politisches Instrument« geworden sei.

Die zweite Warnung, die immer öfter und intensiver ausgesprochen wird, ist die vor dem Populismus – ein Schlagwort, das auch nicht weiter erläutert, sondern nur dazu benutzt wird, vor »den Rechten« zu warnen, die Lügen und Diffamierungen einsetzen würden, um den Wahlsieg zu erreichen. Richtig und berechtigt wäre es, vor einer Verrohung der politischen Sitten und der Kultur in unserem Land von rechts *und* von links zu warnen und darauf hinzuweisen, dass Lügen die Demokratie gefährden können, wenn sie von den Bürgern für bare Münze gehalten werden. Aber was heißt Populismus? Im Duden wird er erklärt als »opportunistische Politik, die die Gunst der Massen zu gewinnen sucht«. Im Prinzip tut das jeder Politiker, gleichgültig, ob er Mitglied einer Regierungs- oder Oppositionspartei ist. Aber Kritik an den politisch Verantwortlichen mit dem Ziel, sie abzulösen, um selbst an die Macht zu kommen, ist so lange legitim, wie sie keine Unwahrheiten verbreitet, und sie darf deshalb nicht mit einer grundsätzlichen Ablehnung der Demokratie verwechselt werden. Und wenn man überzeugend nachweisen kann, dass die aktuell Regierenden nicht gewillt oder in der Lage sind, die bestehenden Probleme ehrlich zu beschreiben und zu lösen, sondern diese tabuisieren oder verzerren, dann darf man nicht gleichzeitig Absender und Adressat für den Vorwurf des Populismus verwechseln und fälschlicherweise die als Populisten bezeichnen, die die Verschleierung und Verdrehung der Wahrheit aufdecken und anprangern. Und dass darüber hinaus auch deshalb ausschließlich vor »rechts« gewarnt wird, um den Blick von »links« abzuwenden, weiß inzwischen auch jeder. Die Aktionen der »Antifa« und die gewaltbereiten Angriffe gegen friedliche Demonstranten beim »Marsch für das Leben« oder gegen die Kindergarten- und Schulkonzepte für »sexuelle Vielfalt« bleiben zwar in der veröffentlichten Meinung weitgehend unerwähnt, aber nicht verborgen.

Wenn zum Beispiel eine Regierung den Bürgern sagt, dass sie jeden Flüchtling für eine »Bereicherung« hält; wenn sie zunächst jeden Einwanderer ins Land lässt und ihn willkommen heißt, um später mit den Regierungsvertretern anderer Nationen Möglichkeiten einer beschleunigten Abschiebung aus Deutschland zu erörtern; wenn es in ihrer Darstellung unter den Flüchtlingen keine Terroristen gibt; wenn man behauptet, die Herkulesaufgabe der Integration finanzieren zu können und dabei »keinem etwas weggenommen wird«; wenn zwischen Flüchtlingen, Asylanten und Migranten nicht unterschieden wird; wenn die Regierung behauptet, sie könne die eigenen Landesgrenzen nicht schützen, gleichzeitig aber einem Despoten eines anderen europäischen Landes mehrere Milliarden Euro zusagt, auch zum Schutz seiner viel größeren Landesgrenzen; wenn Regierungsmitglieder und Vertreter von Ministerien und anderen staatlichen Behörden Massenübergriffe mit Diebstahl und Vergewaltigungen lange verschweigen und verharmlosen; wenn eine Regierung als Strategie zum Umgang mit dem Islam das Singen von Weihnachtsliedern und den Besuch von Sonntagsgottesdiensten empfiehlt, aber keinen Schutz für verfolgte Christen in Flüchtlingseinrichtungen anzubieten bereit ist; wenn sie die Sicherheit ihrer Bürger nur noch marginal ernst nimmt, zum Beispiel im Zusammenhang mit Diebstahl, Einbrüchen und No-go-Areas; wenn sie die Polizei anweist, die Nationalität von kriminellen Tätern nicht zu erwähnen; wenn sie zusichert, dass es keine Transfer-Union und keine Finanzmittel für Griechenland geben wird und das Gegenteil der Fall ist, ihr aber gleichzeitig Negativzinsen und Verluste der deutschen Rentner bei ihren Sparvermögen ziemlich gleichgültig sind; und wenn sie in ihren politischen Entscheidungen nicht einer zielorientierten Strategie, sondern momentanen Stimmungsbildern von Demoskopie-Instituten folgt, dann muss man nicht Vertrauensverlust und Misstrauen gegen das politische Establishment beklagen, sondern sollte bereit sein, seinen eingeschlagenen Weg, der von der Wahrheit abgekommen ist, zu korrigieren. Und man darf vor allem auch nicht politische Protestbewegungen, neue Parteien und pauschal all ihre Sympathisanten und Wähler verteufeln und dann gleichzeitig einen Vertrauensverlust in die Demokratie beklagen. Ich kenne keinen, der aufgerufen war oder ist, die »Political Correctness« in unserem Land zu bestimmen, denn neben zahlreichen Anmaßungen von Politikern sind doch auch einige Moderatoren in den staatsfinanzierten Medien mit ihrem erhobenen Zeigefinger manchmal unerträglich geworden. Man kann doch ihre Aufrufe zur »Empörungskultur« nicht mehr ertragen, sondern nur noch als peinlich empfinden! Ein ehrlicher Diskurs in einer demokratischen Gesellschaft ist selbstverständlich, aber es ist zynisch, wenn diese Forderung von der Politik erst dann erhoben wird, wenn sie bereits selbst einen nicht unerheblichen Beitrag zur Spaltung der Gesellschaft geleistet hat. »Gute« Politik braucht immer Meinungsvielfalt und ist niemals »alternativlos«, auch wenn eine Regierungschefin da anderer Meinung ist. Und wenn die etablierten Parteien die AfD pauschal und ausnahmslos in die rechte Ecke stellen und am politischen Prozess zum primären Zweck des eigenen Machterhalts *in toto* nicht teilnehmen lassen (Wolfgang Schäuble: »Dumpfbacken«, Sigmar Gabriel: »Pack«, Thomas Oppermann: »Bande von Zynikern und geistigen Brandstiftern«, Thomas Strobl: »Schande mit Parteistatut«), teilweise begeistert unterstützt von hohen Vertretern der beiden christlichen Kirchen, dann beweist das ihre Arroganz der Macht, die den Bürger abstößt. Eine solche Behandlung führt zu Frustrationen, Protestverhalten und nicht selten Wut, weil sich der Bürger nicht mehr verstanden und mit seinen Sorgen und Problemen nicht mehr ernst genommen fühlt. Die Folge davon ist häufig eine irrationale Reaktion, zum Beispiel Wahlverweigerung oder Kirchenaustritt.

Es muss eine Möglichkeit der Befreiung aus dieser Situation geben. Die kann aber nur gelingen, wenn die Entscheidungsträger und ihre Gegner dies ernsthaft wollen. Meine Hoffnung ist, dass es für eine solche Einsicht und Bereitschaft zur Korrektur noch nicht zu spät ist. Es darf nicht so bleiben, dass ein ehrlicher Diskurs in unserer Gesellschaft kaum noch stattfindet.

So darf es nicht weitergehen:
Der Wandel der CDU

»Ich vertrete in keinem einzigen Thema eine Auffassung, die nicht auch einmal die Auffassung der CDU war.« Diese Aussage trifft nicht nur auf den CDU-Bundestagsabgeordneten Wolfgang Bosbach zu, sondern auch auf viele andere, die aus früheren CDU-Wählern zu Protestwählern geworden sind, auch auf mich selbst. Seit 2014 bis Ende 2016 hat die Partei unter Führung der Vorsitzenden Angela Merkel zehn Landtagswahlen verloren. Sachsen und Sachsen-Anhalt waren die einzigen Länder, in denen das Amt des Ministerpräsidenten behauptet werden konnte, aber mit beträchtlichen Verlusten. In Thüringen verlor die CDU dieses Amt, und in den Bundesländern/Stadtstaaten Brandenburg, Hamburg, Bremen, Rheinland-Pfalz und Mecklenburg-Vorpommern blieb oder kam sie in die Opposition. In Baden-Württemberg wurde sie nur Juniorpartner der Grünen, und in der Wahl im September in Berlin wurden die nur noch 17,6 Prozent für die CDU zum Menetekel. Von Volkspartei kann man nun nicht mehr reden. Doch das alles wird im Konrad-Adenauer-Haus mit Unterstützung von selbstgefälligen Wahlforschern schöngeredet. Schuld sind immer andere, und gleichzeitig wird dem Wähler eingehämmert, dass die Politik von Angela Merkel »alternativlos« sei, und deshalb gebe es logischerweise zu ihr auch keine Konkurrenz. Ein solcher Anspruch der persönlichen Unersetzbarkeit ist natürlich unglaublich arrogant und völlig unhaltbar, wenngleich es richtig ist, dass Merkel in der kompromisslosen Durchsetzung ihres Machtanspruchs eine Reihe von qualifizierten Politikern zur Aufgabe gezwungen hat, die ihr damit jetzt nicht mehr im Wege stehen.

Und ihr Umfeld? Ursula von der Leyen zum Beispiel hat als frühere Familienministerin die erstaunliche Aussage gemacht, dass sie kein Buch kenne, in dem ein Autor behaupten würde, dass ein Kind Vater *und* Mutter braucht. Auf Wunsch könnte man ihr helfen, diese Lücke zu schließen.

Der Minister des Innern, Thomas de Maizière, hat sich als erstaunlicher Zahlenjongleur präsentiert, der nach vielen Irrungen und Wirren lange Zeit von 1,1 Millionen Flüchtlingen gesprochen hat, schließlich aber auf 890 000 gekommen ist. Jens Spahn aus der Führungsriege der CDU mahnt an, dass es nun endlich Zeit sei für seine Partei, die Homo-»Ehe« und das Adoptionsrecht für Homosexuelle politisch in die Wege zu leiten, und der CDU-Generalsekretär Peter Tauber entgegnet in einer Besprechung einem Kritiker von Merkels Politik: »Wer hier nicht für Angela Merkel ist, ist ein Arschloch und kann gehen.«[1] Wer die Aussage des früheren Kanzleramtsministers Ronald Pofalla »Ich kann deine Fresse nicht mehr sehen« (zum Kollegen Wolfgang Bosbach) für unerträglich hielt, weiß jetzt, dass dieser Umgangston in der CDU keine Ausnahme ist.

Die Auseinandersetzung mit der AfD, die in einigen Bundesländern inzwischen über zwanzig Prozent der Wählerstimmen bekommen hat, findet nicht inhaltlich statt.

Der Minister der Finanzen, Wolfgang Schäuble, bezeichnet deren Mitglieder als »Dumpfbacken«. Ist das die neue Qualität des politischen Wettbewerbs und vielleicht gerade deshalb mit ein wesentlicher Grund für das Erstarken der AfD? Oder ist dieses Verhalten bereits die Kopie des waid-

---

[1] Peter Tauber, in: *Frankfurter Allgemeine Zeitung*, 1. Oktober 2016.

wunden Tieres, das in seiner Todesangst besonders gefähr-
lich ist?

Profillosigkeit, Karrieredenken und Relativismus nehmen
in der CDU zu. Die »Political Correctness« hat dazu geführt,
dass die Handlungsmaxime der Politiker nicht mehr lautet,
das zu vertreten, was wahr ist, sondern was man sagen darf
und was dem Zeitgeist entspricht. Es ist nicht mehr entscheidend, *worauf* es ankommt, sondern *was* ankommt. Orientie-
rungsdaten für den politischen Entscheidungsprozess geben
die Umfragedaten, die den Politiker animieren, nach dem
Motto von Talleyrand zu handeln: »Dort geht mein Volk. Ich
muss ihm nach. Ich bin sein Führer.«

Bei meinem Eintritt in diese Partei 1974 stand das C für ein
klares Programm, das von christlichen Grundwerten geprägt
war. Die Partei nahm den Artikel 6 des Grundgesetzes ernst,
dass Ehe und Familie »unter dem besonderen Schutz der staatlichen Ordnung« stehen. Familie stand für Vater, Mutter und
Kind(er). Heute ist dieser Begriff für alle Arten von Partnerschaften, die »Verantwortung füreinander übernehmen« (so
nennt man es!), umdefiniert worden, und Kinder kann es ja
auch in gleichgeschlechtlichen Verbindungen über Adoptio-
nen oder Leihmutterschaften geben. Die Würde der Frau ist
auf ihre aktive Rolle im Produktionsprozess reduziert. Kinder können in staatlichen Einrichtungen aufwachsen. Das
Kindeswohl spielt dabei eine nachgeordnete Rolle. Wie gnä-
dig von Frau Merkel, dass sie vor einiger Zeit erklärte: »Eltern, die ihre Kinder zu Hause erziehen, stelle ich nicht an
den Pranger.« Eine der niedrigsten Geburtenraten der Welt
bei durchschnittlich 1,4 Kindern pro Paar in Deutschland mit
weitreichenden Konsequenzen für die demografische Entwicklung wird mit einer hohen Aufnahmequote von Flüchtlingen und Migranten beantwortet. Aber es war doch klar,
dass bei Abtreibungszahlen von über 100 000 Kindern pro

Jahr über Jahrzehnte hinweg dieser Bevölkerungsschwund in Deutschland zu einer Katastrophe führen würde, die man jetzt mit einer problematischen Multikulti-Politik auszugleichen versucht. Das immer aggressiver werdende Voranschreiten des Gender-Mainstreaming mit der absurden Feststellung, das Geschlecht sei nicht biologisch vorgegeben, sondern sozial bestimmt, wird als »durchgängiges Leitprinzip und zur Querschnittsaufgabe der Regierung« ohne Beteiligung des Parlaments erklärt. Diese Methode der Nicht- oder erst nachträglichen Beteiligung des Deutschen Bundestages hat Merkel schon mehrfach praktiziert (beispielsweise bei der Abschaffung der Wehrpflicht, Energiewende mit Ausstieg aus der Atomenergie und Förderung von Alternativenergien mit höheren Kosten für die Steuerzahler und Verbraucher, Kaufprämie für Elektroautos oder bei den offenen Grenzen für Asylanten und Migranten), ohne dass sich der Bundestag dagegen aufgelehnt hätte. Die neuen Lehrpläne in den Schulen, die unter dem Stichwort »sexuelle Vielfalt« stehen und zu Verführung, Desorientierung und Abbau von Schamgefühlen bei Kindern führen, einschließlich der Forderung, jede individuelle Geschlechtsbestimmung nicht nur zu tolerieren, sondern zu akzeptieren, werden auch unter CDU-Ministerpräsidenten oder Kultusministern vorangetrieben (zum Beispiel in Baden-Württemberg, Sachsen-Anhalt und Hessen). Der CDU-Kultusminister von Hessen beispielsweise, Ralph Alexander Lorz, setzte den neuen Lehrplan »Vielfalt sexueller Orientierungen« in den Schulen gegen den Widerstand des Landeselternbeirates und gegen den Einspruch der katholischen Kirche in Kraft. Erkennt da jemand die CDU noch wieder?

Diese Partei war früher nicht nur der Garant für die Wahrung der Interessen der Familien, sondern ebenfalls für den Lebensschutz. Auch in diesen Fragen ist sie es längst nicht mehr.

Die »Willkommenskultur« gilt Flüchtlingen und Migranten, nicht aber unseren ungeborenen Kindern und Behinderten sowie den Jugendlichen, die um Wohnraum und einen Arbeitsplatz fürchten, und den Rentnern, die ihre Altersversorgung nicht mehr gesichert sehen.

Über 100 000 Abtreibungen pro Jahr, obwohl die Abtreibung verboten, wenn auch straffrei ist, ist eine Rechtsetzung in einem demokratischen Rechtsstaat, die man nicht als »Glanzleistung« bezeichnen kann. Über die Krankenkassen finanziert der öffentliche Haushalt erst die Abtreibungsberater, dann die Abtreibung selbst und schließlich die Folgekosten bei den Frauen, die nach einer Abtreibung unter Krankheiten wie Depressionen leiden. Vor der letzten Bundestagswahl wurde Angela Merkel gefragt, was sie an der Abtreibungsregelung ändern würde, wenn sie die absolute Mehrheit bekäme. Sie antwortete: »Nichts, denn das System hat sich bewährt.«

Auch unter Führung der CDU wurde durch ein Gesetz zur Präimplantationsdiagnostik (PID) der Boden für eine eugenische Gesellschaft bereitet, weil die nach dem Gesetz zulässige Methode zur Selektion von Menschen mit Trisomie 21 (Down-Syndrom) führt. Der Mensch muss erst einen Test bestehen, bevor er zur Welt kommen darf.

Den Stichtag zur Forschung mit embryonalen Stammzellen hat die CDU um fünf Jahre verlängert.

Und schließlich ist auch die Erlaubnis zur Suizidassistenz – das neue Gesetz stellt lediglich die »gewerbsmäßige« Suizidhilfe unter Strafe – kein Ruhmesblatt für die CDU, weil die erlaubte Praxis nicht anerkennt, dass ausschließlich unser Schöpfer Herr über Leben und Tod ist.

In der wichtigen Flüchtlingsfrage bleibt Merkel stur und im Kern ihrer Position unbelehrbar, auch wenn sie aufgrund der Stimmung in der Bevölkerung dazu gedrängt werden konnte, einigen Gesetzen zuzustimmen, die das Ziel haben, dem

Sicherheitsbedürfnis vieler Menschen entgegenzukommen. Bei der Registrierung, der Bearbeitung der Asylanträge, der Wohnraumzuteilung oder verordneter Abschiebung gibt es nach wie vor große Defizite, und auch der notwendige Schutz der deutschen Außengrenzen wird weiterhin von ihr abgelehnt. Ihre Entscheidungen fällt sie am dafür demokratisch legitimierten Parlament vorbei. Zuerst sonnt sie sich in der »Willkommenskultur«, um anschließend auf eine beschleunigte Abschiebung von Migranten zu drängen. Der türkische Diktator Erdogan wird geschont, obwohl der Bundesregierung bekannt ist, dass die Türkei Deutschland schon seit Jahren als »Aktionsplattform islamistischer Gruppierungen« benutzt und Erdogan im eigenen Land Demokratie und Rechtsstaatlichkeit außer Kraft setzt. Merkel lässt sich zur Ikone der Humanität hochstilisieren und nimmt dabei nicht zur Kenntnis, dass der Bürger in diesem Land unsicher geworden ist und Angst hat. Warum ignoriert sie die Tatsache, dass so viele Bürger wie nie zuvor in der letzten Zeit Tresore, Waffen und Pfefferspray gekauft und sich zu Selbstverteidigungs- und Karatekursen angemeldet haben? Von Sicherheitsexperten, Geheimdiensten und Polizisten wissen wir, dass unsere innere Sicherheit stärker bedroht ist als noch vor einiger Zeit. In der Vielfalt krimineller Aktionen gibt es bei uns Parallelwelten, hochkriminelle Familienclans, die vorrangig in großen Städten wie eine Mafia agieren. Wir erleben immer mehr Masseneinbrüche mit immer geringer werdenden Aufklärungsquoten sowie das Entstehen von No-go-Areas, in die selbst Polizisten nur noch in Gruppen und Notärzte nur mit Polizeibegleitung hineingehen – wenn überhaupt! Aber statt energischen Handelns der Regierung erleben wir Vertuschungen, Verharmlosungen, Schweigegebote und Kontrollverluste. Hierzu gehörte zum Beispiel lange Zeit die Anweisung an die Polizei, die nationale Herkunft von Kriminellen nicht zu nennen. Zuckt man denn in Berlin über die Einzäunung der

Theresienwiese beim Oktoberfest in München, bei getrennten Schwimmzeiten oder Schwimmbecken für Frauen und Männer in den öffentlichen Schwimmanstalten, bei der hohen Zahl der islamistischen Gefährder und ihrer Unterstützer (»relevanten Personen«) oder darüber, dass in einigen größeren Städten bei uns Menschen aus fast 200 Nationen leben, die aus vielen unterschiedlichen Ethnien mit verschiedenen Kulturen und je eigenen Traditionen kommen, deren Sitten und Gebräuche vielfach den Gesetzen unseres Staates ablehnend bis feindlich gegenüberstehen und die deshalb auch gar nicht oder kaum integrierbar sind, nur uninteressiert oder arrogant mit den Schultern? Sind alle Flüchtlinge und Migranten nach wie vor nur eine »Bereicherung«? Kriminelle gibt es nicht oder nur wenige trotz einer besorgniserregenden Zunahme strafwürdiger Delikte durch Flüchtlinge? Angriffe auf Christen und Juden durch Muslime gibt es nur in einer irrealen Welt? Und Anwerbungsversuche und andere Aktionen von Salafisten in Flüchtlingsheimen sind reine Fantasie? Urteile nach der Scharia oder durch selbst ernannte sogenannte »Friedensrichter« sind ebenso unbekannt wie die zahlreichen »weichen« Urteile deutscher Richter mit »muslimischem Kulturbonus«?

Dürfen wir nicht einmal mehr darauf verweisen, dass es Tausende von Flüchtlingen gibt, die ohne Pass, und weitere viele Tausend, die mit gefälschten Pässen nach Deutschland eingereist sind, ohne dass bei ihrer Einreise Name und Herkunftsland überprüft worden sind, und die sich irgendwo im Land aufhalten, ohne dass die zuständigen Behörden ihren Standort kennen?

Gerade wir Christen müssen offen und bereit sein für jede mögliche Hilfe für Menschen, die in wirklicher Not sind und in ihren Heimatländern nach grausamen Erlebnissen und Erfahrungen oft vom Tode bedroht waren, weshalb sie zu uns geflohen sind. Sie benötigen dringend unsere Unterstützung und persönliche Zuwendung, die unzählig viele Menschen in unserem Land ja auch freiwillig und gern geben. Und nur zur Klarstellung: Auch meine Frau und ich betreuen drei junge Geschwister, die als Christen aus Aleppo in Syrien nach Deutschland geflohen sind und hier einen neuen Anfang gesucht und gefunden haben. Aber eine ganz andere Frage ist die nach der Grenze unserer Möglichkeiten und die ärgerliche Tatsache, dass vorhandene Probleme von staatlichen Stellen und zahlreichen Medien ausgeklammert, tabuisiert und verschwiegen werden. Mit der Verbalakrobatik »Wir schaffen das« oder »Deutschland bleibt Deutschland« fange ich nichts an, weil sie uns ohne präzise Konkretisierung einer Lösung der Probleme nicht näherbringt.

Kann man das sagen und damit zum Nachdenken anregen, oder steht das jetzt auch schon wieder unter »Generalverdacht von rechts«? Ein bekanntes Wort von George Orwell sollte uns nämlich zu denken geben: »In einer Zeit universeller Täuschung ist das Aussprechen der Wahrheit ein revolutionärer Akt.« Ich habe ihn gewagt!

Dies gibt mir Gelegenheit, einige wenige Bemerkungen zu den Grundlinien politischer Ethik zu machen:

Erstens: Die Wahrheit ist kein Kriterium mehr für politisches Handeln, sondern sie wird nicht selten verschwiegen oder umgedeutet. Warum zum Beispiel verschweigt die Regierung die tatsächliche finanzielle Belastung der deutschen Steuerzahler zur Finanzierung anderer verschuldeter EU-Länder? Und warum ist sie zu feige, der jungen Generation zu sagen, dass die Kosten für eine frühere Verrentung wesentlich von ihr bezahlt werden müssen?

Zweitens: Von einem demokratischen Staat muss der Bürger verlangen können, dass er Gesetze ernst nimmt und auch vollzieht. Tut er das nicht, kann er auch keine Loyalität und kein Vertrauen von seinen Bürgern einfordern. Warum also kommt der Staat seinen Kontrollpflichten nicht nach gegenüber den Beratungsträgern wie *pro familia,* die nach dem Gesetz geprüft werden müssten, ob sie verfassungsrechtliche und andere gesetzliche Vorgaben für ihre Beratung einhalten? Oder warum ignorieren die staatlichen Organe die Aufforderung des Bundesverfassungsgerichts, »den rechtlichen Schutzanspruch des ungeborenen Lebens im allgemeinen Bewusstsein zu erhalten und zu beleben«?[2]

Drittens: Es ist auch nicht akzeptabel, wenn bei blasphemischen Aktionen gegen die christliche Religion und ihre Repräsentanten die Politiker schweigen, bei Beleidigungen des Islam aber sofort öffentlich Empörung äußern. Wir wollen auch weiterhin den Erhalt der Sonn- und Feiertagsruhe, besonders auch am Karfreitag, und bestehen darauf, dass unsere Kinder oder Enkelkinder auch zukünftig an einem Martinsumzug teilnehmen können und dass das Weihnachtsfest Weihnachten bleibt und nicht irgendein Halloween-, Lichteroder Sonne-, Mond- und Sternefest wird. Wir wollen nicht wieder dahin kommen, dass, so wie es in der früheren DDR war, die Engel zu Weihnachten »Jahresendflügelfiguren« genannt werden.

Es wird Zeit für das Einleiten einer neuen Verantwortungsethik, die die Folgen des politischen Handelns bedenkt.

Es ist überfällig, dass die Kanzlerin und Parteivorsitzende Merkel und die CDU den Bürger und christliche Grundwerte wieder ernst nehmen und danach handeln. Aber ich habe nicht den Eindruck, dass die Vorsitzende und die Mehrheit der CDU-Mandatsträger und -Funktionäre dazu bereit sind.

---

[2] Manfred Spieker, in: *Die Tagespost,* 2. November 2013.

Realismus statt Rechthaberei in der Flüchtlingspolitik

»Wir schaffen das« – dieser Satz der deutschen Bundeskanzlerin zur Bewältigung des Flüchtlingsstroms nach Deutschland ab Herbst 2015 leitete die »Willkommenskultur« ein. Ohne Erläuterung, was denn »wir« und »das« bedeuten und für Folgen haben würden, überraschte dieser Satz Parlamente, Regierungen, Parteien und Kommunen. Sie waren überrumpelt worden. Und die ebenfalls vorher nicht informierten EU-Partner staunten über die Aufnahmequoten von Flüchtlingen, die plötzlich jedem Mitgliedstaat verordnet werden sollten. Monatelang gab es keine genauen Kostenermittlungen, besonders beim Sozial-, Gesundheits- und Bildungsetat, keine Vorstellungen über Erfassung und Registrierung, Wohnraumbedarf, lokale Verteilung, Auswirkungen auf den Arbeitsmarkt und Vorschläge zur Lösung der zahlreichen anstehenden Integrationsprobleme. Bis zur Silvesternacht 2015 in Köln und anderen deutschen Städten waren ja alle Flüchtlinge für unsere Regierung *in toto* »eine Bereicherung für unsere Gesellschaft und den Arbeitsmarkt«, sie hatten durchweg »eine gute Ausbildung und Qualifikation« und waren »uneingeschränkt integrationswillig«. Es gab auch keine Terroristen und Kriminelle – nach einer Statistik des Bundeskriminalamtes jedoch betrug die Zahl der Delikte der Flüchtlinge allein im ersten Quartal 2016 tatsächlich 69 000. Selbst die Zahl der Eingewanderten war unbekannt: Anfangs sprach der Minister des Innern von 200 000 Asylbewerbern, kurze Zeit später waren es 800 000, bald darauf über eine Million, bis man

einräumte, die genaue Zahl wisse man nicht, um dann schließlich doch noch auf eine angeblich gesicherte Zahl, nämlich
auf 890 000 zu kommen. Vor Kurzem lagen den Behörden
400 000 unerledigte Asylanträge vor, 150 000 Asylbewerber
waren nicht einmal registriert, 77 Prozent der eingereisten
Asylsuchenden hatten keine Ausweispapiere, und auch negativ beschiedene Asylanträge entschärfen das Problem der
Massen kaum, weil viele abgelehnte Asylbewerber untertau-
chen, ihre Nationalität verschleiern, sich krankmelden oder
von den Herkunftsländern nicht wieder zurückgenommen
werden. Viele laufen mit über zehn verschiedenen Identitäten
im Land herum, kassieren oft illegal Geld unseres Staates aus
Steuermitteln, und keine Behörde weiß genau, wo sie sich aufhalten.

Die Kanzlerin blieb beharrlich, machte Selfies mit Flüchtlingen und belehrte uns: »Wenn man in der Flüchtlingskrise
kein freundliches Gesicht zeigen darf, ist das nicht mein
Land«, und auf dem Parteitag der CDU in Karlsruhe gab sie
die Losung aus: »Deutschland soll in 25 Jahren ein Land sein,
das offen, neugierig, tolerant und spannend ist und eine eigene starke Identität hat.« Im Umkehrschluss bedeutet diese
Zielsetzung, dass wir das alles heute noch nicht sind bzw. haben. Ist das eine Totalabrechnung mit der Nachkriegsgenera-
tion? Und eine »eigene starke Identität« schaffen wir in Deutschland erst durch Flüchtlinge aus allen Ländern der Welt? Welche Identität ist denn das? Die in Duisburg-Marxloh oder in
Essen mit fast zweihundert verschiedenen Nationalitäten? Hat
sie da mal mit den Bürgerinnen und Bürgern im Ruhrgebiet
gesprochen?

Und wie sollen wir denn das verstehen, wenn sie wenig
später erklärt: »Deutschland bleibt Deutschland!« Hat uns
diese Identität bis zur Silvesternacht 2015 gefehlt, weil wir
doch erst seitdem wieder bestimmte Dinge sagen dürfen, ohne in die rechte Ecke gerückt zu werden? Die Polizei darf

nämlich zum Beispiel erst seitdem wieder von »Tätern mit Migrationshintergrund« sprechen (aber nicht von »Nafris«, denn das ist rassistisch!). Wir dürfen sogar nach dem Frauenbild, der Bereitschaft zur Beachtung unserer Verfassung, dem Willen zur Integration und dem Verhalten zahlreicher muslimischer Flüchtlinge gegenüber Juden und Christen fragen. Letzteres sollten wir dann aber auch wiederum nicht übertreiben, denn die Regierungschefin beschied einer Fragestellerin, die sich wegen des Zuzugs von Muslimen besorgt geäußert hatte, dass es gut wäre, wenn die Christen wieder öfter in die Kirche gingen und Weihnachtslieder aus ihrer Kindheit singen würden. Als ob das die Lösung des Problems sein könnte!

Kann man wirklich ernsthaft behaupten, die eigene deutsche Grenze mit circa 3 000 Kilometern sei nicht zu sichern und gleichzeitig einem anderen Land mehrere Milliarden Euro der EU – der höchste Anteil kommt natürlich aus Deutschland – zusagen, damit es seine Grenzen von circa 7 000 Kilometern dichtmacht? Und das wird dann noch angereichert mit weiteren Zusagen zur Beschleunigung der Visa-Freiheit für alle Bürger des Landes und schnelleren Beitrittsverhandlungen zur EU? Es muss ein schönes Gefühl sein, sich im Glanz der Überzeugung zu sonnen, die eigene Politik sei eben »alternativlos«. »Wir schaffen das, wenn wir es nur wollen«, entschied die Kanzlerin, ohne zu sagen, was wir denn wollen, was sie aber auch gar nicht sagen konnte, weil sie uns ja nicht gefragt hat. Obergrenzen gibt es nicht, und die Landesgrenzen werden weiterhin nicht geschlossen, basta! Selbst nach dem für die CDU niederschmetternden Ergebnis der drei Landtagswahlen am 13. März 2016 in Sachsen-Anhalt, Rheinland-Pfalz und Baden-Württemberg wurde uns eine erstaunliche Version geliefert, nämlich: Die Ergebnisse seien ein Beweis für die erfolgreiche Politik der Kanzlerin, denn alle diejenigen, die ihre Flüchtlingspolitik unterstützt hätten, seien die Sieger dieser Wahl gewesen.

Können wir heute tatsächlich nicht mehr bestimmen, wer nach Deutschland kommt? Nationale Souveränität gibt es nicht mehr? Unsere eigenen Grenzen können wir nicht mehr kontrollieren? Schengen und Dublin sind außer Kraft gesetzt? Nur wir machen alles richtig, aber die anderen EU-Staaten (zum Beispiel Dänemark, Norwegen, Schweden, Ungarn, Österreich, Slowakei, Slowenien, Polen) alles falsch? Der frühere Bundesverfassungsrichter Udo Di Fabio hat in einem Rechtsgutachten darauf hingewiesen, dass wir sogar die Pflicht zur effektiven Sicherung unserer eigenen Landesgrenzen haben, wenn die europäische Grenzsicherung und das EU-Einwanderungssystem gestört sind.

Sechzehn renommierte Wissenschaftler mit Professuren für Staats-, Völker-, Europa- und Öffentliches Recht an deutschen und österreichischen Universitäten stellen der deutschen Bundesregierung, allen voran der Bundeskanzlerin, ein vernichtendes Urteil in der Handhabung der Flüchtlingsfrage in unserem Land aus. In dem im Sommer 2016 erschienenen Band *Der Staat in der Flüchtlingskrise. Zwischen gutem Willen und geltendem Recht*[1] sagen die beiden Herausgeber bereits im Vorwort: »Die Staatsgrenzen stehen offen und Zehntausende von Menschen erreichen Woche für Woche ungesteuert und weitgehend unkontrolliert das Land. Die Staatsgewalt erscheint ratlos, Verfassungsprinzipien wie das Demokratie- und das Rechtsstaatsprinzip geraten durch die Wucht der Ereignisse unter Druck. Der Rechtsstaat ist im Begriff, sich im Kontext der Flüchtlingswelle zu verflüchtigen, indem das

---

[1] Otto Depenheuer, Christoph Grabenwarter (Hg.), *Der Staat in der Flüchtlingskrise. Zwischen gutem Willen und geltendem Recht*, Paderborn 2016.

geltende Recht faktisch außer Kraft gesetzt wird. Regierung und Exekutive treffen ihre Entscheidungen am demokratisch legitimierten Gesetzgeber vorbei, staatsfinanzierte Medien üben sich in Hofberichterstattung, das Volk wird stummer Zeuge der Erosion seiner kollektiven Identität. Was bleibt, ist Verunsicherung; was droht, ist wachsende Radikalisierung; was nottut, ist das Aufzeigen Orientierung stiftender Perspektiven.«[2] Und die Autoren dieses Bandes verweisen auf folgende wesentliche Rechtsverletzungen der Bundesregierung:

Erstens: Für das Offenhalten der Grenzen für alle Flüchtlinge, die nach Deutschland wollen, gibt es keine demokratische Legitimation[3], weil Grenzöffnung und Grenzkontrolle »parlamentarisches und nicht exekutives Handeln« sind.[4]

Zweitens: Das Völkerrecht enthält keinen Rechtsanspruch auf Asyl. Wirtschafts- und Bürgerkriegsflüchtlinge gehören nicht zu denen, die einen solchen Rechtsanspruch haben.[5] Der zuständige Referatsleiter im Bundesministerium des Innern hat in einem Vortrag im November 2015 in Berlin darauf hingewiesen, dass für 98 Prozent der nach Deutschland eingereisten Flüchtlinge die Bundesrepublik »eigentlich gar nicht zuständig« war, und hat von einem »kompletten Systemversagen« gesprochen.[6]

Drittens: Das gleiche Systemversagen gibt es auch bei den Abschiebungen, indem Urteile des Rechtsstaates nicht vollzogen

---

[2] Otto Depenheuer, Christoph Grabenwarter (Hg.), *Der Staat in der Flüchtlingskrise. Zwischen gutem Willen und geltendem Recht*, a. a. O., S. 7.

[3] Dieter Murswiek, »Nationalstaatlichkeit, Staatsvolk und Einwanderung«, in: *ebd.*, S. 133.

[4] Hans-Detlef Horn, »Grenzschutz im Migrationsrecht. Es geht nicht nur um innere Sicherheit«, in: *ebd.*, S. 148.

[5] Eckart Klein, »Rechtliche Klarstellungen zur Flüchtlingskrise«, in: *ebd.*, S. 160 f.

[6] Helge Sodan, »Das Konzept der sicheren Dritt- und Herkunftsstaaten«, in: *ebd.*, S. 181.

werden. »2014 gab es 154 000 Ausreisepflichtige, aber nur 11 000 Abschiebungen und 10 000 freiwillige Ausreisen.«[7]

Viertens: Die staatliche Gewalt hat sich nach der Maxime der Gesinnungsethik und nicht nach derjenigen der Verantwortungsethik gerichtet, weil sie die Folgen ihres Handelns nicht bedacht hat.[8] Außer diesem Rechtsversagen haben inzwischen die finanziellen Aufwendungen für Flüchtlinge in Milliardenhöhe Vorrang zum Beispiel vor dringend benötigten Stellen für Erzieherinnen, Lehrer und die Justiz, vor Infrastrukturmaßnahmen für Straße und Schiene sowie vor staatlichen Beihilfen für Medikamente und Arztkosten von Rentnern. Oder werden jetzt Finanzmittel in den öffentlichen Haushalten umgeschichtet, indem zum Beispiel staatliche Zuschüsse für Abtreibungen und künstliche Befruchtungen gekürzt oder ganz gestrichen werden?

Ayaan Hirsi Ali, eine anerkannte Islam-Expertin, verweist auf eine Studie des Berliner Wissenschaftszentrums von 2008 zur Integrationsbereitschaft von muslimischen Einwanderern in Deutschland und anderen europäischen Ländern mit folgendem aufrüttelndem Ergebnis: 60 Prozent der befragten Muslime erklärten, dass sich die Muslime auf den ursprünglichen Islam besinnen sollten, 75 Prozent sagten, dass es nur eine Koran-Interpretation gibt, die für alle Muslime verbindlich ist, 65 Prozent vertraten die Meinung, dass die Vorschriften ihrer Religion wichtiger seien als die Gesetze des Landes, in dem sie leben, und 44 Prozent legten ein Bekenntnis zu fundamentalistischen Auffassungen ab.

---

[7] Bernhard Kempen, »Abschiebung«, in: Otto Depenheuer, Christoph Grabenwarter (Hg.), *Der Staat in der Flüchtlingskrise. Zwischen gutem Willen und geltendem Recht*, a. a. O., S. 218.

[8] Josef Isensee, »Menschenwürde: Rettungsinsel in der Flüchtlingsflut?«, in: *ebd.*, S. 242.

Sabatina James, die in Pakistan geboren ist, sich einer Zwangsheirat widersetzt hat und zum katholischen Glauben konver-
tiert ist, weshalb ihre Familie das Todesurteil über sie gesprochen hat, stellt in ihrem Buch *Scharia in Deutschland: Wenn
die Gesetze des Islam das Recht brechen*[9] heraus, dass es muslimische Parallelgesellschaften und Rechtsprechungen in
Deutschland nach islamischem Rechtsverständnis gibt, dass
selbst ernannte »Friedensrichter« Urteile fällen, bei denen Allahs Gebote über unser Grundgesetz gestellt werden, besonders im Ehe-, Familien- und Erbrecht, »und die deutsche Justiz nicht selten einen Bogen um Ehrenmorde, Zwangsehen
und mindere Rechte der Frau macht bzw. sogar selbst auf der
Grundlage der Scharia entscheidet«.[10]

Die mangelnde Solidarität der EU-Staaten in der Flüchtlingsfrage war ernüchternd und enttäuschend, aber wegen des Ver-
suchs eines moralischen Diktats ohne Berücksichtigung nati-
onaler Befindlichkeiten nicht gänzlich verwunderlich. Dem
Vorschlag von Wolfgang Streeck kann man bei der bisherigen kritischen Konzentration auf die Türkei als Partner in der
Flüchtlingsfrage nur zustimmen. Er vertritt die Auffassung,
dass es kluge Willkommenskultur und Arbeitsmarktpolitik
wäre, wenn unsere Regierung die Bedürftigen aus den Lagern
holt und »für die anderen dort Schulen und Krankenhäuser
baut und diejenigen, die die deutsche Wirtschaft als Arbeitskräfte braucht – angeblich 500 000 pro Jahr für 25 Jahre
(Prognose vom April 2016) – wie in Kanada nach einem
Punktsystem aussucht und einfliegt«.[11] Stattdessen wird mit
einem Autokraten ein Vertrag geschlossen, der vorsieht, dass

---

[9]   Sabatina James, *Scharia in Deutschland: Wenn die Gesetze des Islam das
      Recht brechen,* München 2015.
[10] S. auch die Rezension zu Sabatina James, *Scharia in Deutschland: Wenn
      die Gesetze des Islam das Recht brechen,* von Alexander Riebel, in: *Die Ta-
      gespost,* 24. Mai 2016.
[11] Wolfgang Streeck, in: *Frankfurter Allgemeine Zeitung,* 3. Mai 2016.

die Flüchtlinge, die aus der Türkei auf griechische Inseln übersetzen, zurückgeschickt werden und für jeden syrischen Flüchtling ein anderer Syrer legal und direkt aus der Türkei in die EU einreisen kann. Aber in der Realität verweigert Ankara gut ausgebildeten Syrern die Ausreise und schickt stattdessen Menschen mit niedriger Bildung, die umfangreiche medizinische Hilfe benötigen. Diese Information verbindet PRO ASYL mit der Anklage: »Die Kanzlerin hat die Menschenrechte von Flüchtlingen geopfert für diesen Deal.« Und bei ihrem erneuten Besuch im Februar 2017 hat sie aus Furcht vor dem Scheitern des Paktes in der Flüchtlingsfrage zwischen Deutschland und der Türkei die Übernahme eines Kontingents von Muslimen aus der Türkei in den nächsten Monaten zugesagt.

Bei der Debatte und Abstimmung über die Armenien-Resolution blieb die Regierungsbank fast leer, und als der Autokrat Erdogan nach völkischer Devise für alle Abgeordneten, die der historischen Wahrheit eines Genozids an den Armeniern zugestimmt hatten, einen »Bluttest« forderte, hielt Angela Merkel diese Entgleisungen lediglich »für nicht nachvollziehbar«. Und auch Erdogans Maßnahmen nach dem Putsch am 15. Juli 2016, die mit rechtsstaatlichen Methoden nichts, aber auch gar nichts mehr zu tun haben, werden lediglich diplomatisch weich kritisiert, ohne dass es zu irgendwelchen Sanktionen käme. Stattdessen zeigt man sich verwundert über die Spitzeltätigkeiten türkischer Imame in Deutschland!

Es ist nicht akzeptabel, dass alles, was die gesinnungsethischen Träumereien entlarvt, ignoriert oder verunglimpft wird. Der perfide Höhepunkt solcher Attacken war der Vorwurf des Bundesministers der Justiz, Heiko Maas, der den Kritikern von Rechtsbrüchen der Regierung in der Flüchtlingspolitik vorgeworfen hat, die Geltungskraft der Gesetze »zu schwächen« und die »Rechtstreue der Menschen« zu erschüttern, was »verheerende Folgen für die politische Kultur eines Landes« hätte, also eine Umkehrung der Sachlage und der »Schuld« an bestimmten Folgewirkungen – ein unglaubliches Rechtsverständnis eines Justizministers.[12]

Wir haben aufgrund der geschilderten Politik einen hohen Vertrauensverlust in der Bevölkerung, was durch Umfragen eindeutig erwiesen ist und in beeindruckender Weise der Öffentlichkeit vermittelt wurde, zum Beispiel durch die Schriftstellerin Monika Maron, die gefragt hat: »Wie wird das veränderte Deutschland aussehen, auf das Katrin Göring-Eckardt sich so freut, wenn der Kampf um die Arbeitsplätze und billigen Wohnungen erst einmal begonnen hat, wenn Hunderttausende junge Männer hier keine Frauen finden, wenn sie überhaupt erleben, dass wenig von dem, was sie für ein Versprechen hielten, sich erfüllen wird?«[13]

Merkel ist einsamer und isolierter geworden, aber politische Ansehensverluste können nicht durch Rechthaberei ausgeglichen werden. Erfolgreiche Politik kann nicht ausschließlich gesinnungsethisch, sondern muss vor allem verantwortungsethisch betrieben werden, d. h. dass bei der sittlichen Beurteilung eines Handelns immer auch die Folgen zu bedenken sind. Trotz verordneter »Political Correctness« müssen wir nicht akzeptieren, dass muslimische Männer sich weigern, Frauen die Hand zu geben, von ihnen Essen in Empfang zu nehmen oder sich von einer Ärztin behandeln zu lassen. Es ist nicht hinnehmbar, dass Mädchen in den Schulen beschimpft (»Schlampe, Hure ...«) sowie Christen in Flüchtlingsheimen

[12] Heiko Maas, »Wer das Recht wirklich schwächt«, in: *Frankfurter Allgemeine Zeitung*, 30. Januar 2016.
[13] Monika Maron, »Merkels kopflose Politik macht die Rechten stark«, in: *Frankfurter Allgemeine Zeitung*, 14. Januar 2016.

und Juden in der Öffentlichkeit auf vielfältige Weise diskriminiert und tätlich angegriffen werden.

Noch einmal: Wir müssen und wollen offen sein für jede mögliche Hilfe für Menschen, die in wirklicher Not und mit oft grausamen Erlebnissen und Erfahrungen aus ihren Heimatländern zu uns gekommen sind und unsere Hilfe und persönliche Zuwendung dringend benötigen. Aber genauso entschieden wehren wir uns gegen eine Diffamierung derjenigen, die auch auf die negativen Folgen einer Masseneinwanderung hinweisen und darauf bestehen, dass ihre Ängste und Sorgen ernst genommen und sie deshalb nicht diffamiert werden. Unsere Aufgabe ist es nicht, zum automatischen Applaus der Regierenden anzutreten. Die vor uns liegenden Probleme sind viel zu bedeutsam, als dass die Politik nicht an einem ernsthaften Dialog mit den Bürgern ihres Landes interessiert sein und ihn auch praktizieren müsste.

Und auch hohe Repräsentanten unserer Kirche sollten sich öfter überlegen, was sie in der Öffentlichkeit von sich geben, weil es sonst zu berechtigten Irritationen und zum Vertrauensverlust führt. Hierzu zwei Beispiele:

Reinhard Kardinal Marx, der Vorsitzende der Deutschen Bischofskonferenz, hat in der Phase mancher Rechtsverstöße der Bundesregierung in der Flüchtlingspolitik gesagt: Die Bundeskanzlerin »hat sich sogar über das Gesetz hinweggesetzt. Das gehört auch zur politischen Führung.« Was ist denn das? Aufruf zum Rechtsbruch in einer Demokratie und Lob dafür?

Und wenn der Kölner Kardinal Rainer Maria Woelki ein Flüchtlingsboot als Altar bei der Fronleichnamsmesse 2016 vor dem Kölner Dom aufstellen lässt und u. a. sagt: »Wenn Christus jetzt bei uns wäre, dann säße er in diesem Boot«, dann ist das nicht nur theologisch insofern falsch, weil Jesus

Christus bei jeder Feier der Eucharistie anwesend ist, sondern auch in einem anderen Sinne deplatziert, denn Jesus Christus würde zwar sicherlich mit hilflosen Flüchtlingen in ein Boot steigen, aber vermutlich wohl nicht mit Schlepperbanden, Schleusern und Terroristen.

Und wie weit politisches Denken sogar die Ausstattung einer Krippe »inspirieren« kann, konnte man in der Weihnachtszeit im Kölner Dom besichtigen. Dort war die Heilige Familie auf der Flucht und folgte dem Hinweisschild »Ägypten«. Darunter war ein zweiter Wegweiser angebracht mit der Richtungsangabe »Lampedusa«!

Die Diskussion über den Islam verlangt Ehrlichkeit. Ignoranz, Verharmlosung oder Gleichgültigkeit führen nicht weiter

Weihnachten 2015 meldete sich Ignatius Joseph III. Younan, das Oberhaupt der syrisch-katholischen Kirche, zu Wort, um an das Leid der Christen im Nahen Osten zu erinnern. »Wir werden nicht nur vergessen, sondern betrogen von der sogenannten zivilisierten Welt, die sich weigert, die Notlage der christlichen Minderheit unter einer nicht christlichen Mehrheit anzuerkennen.« Dem Westen warf der Patriarch vor, »seine Geschäfte mit den muslimischen Ländern höher einzustufen als die Verteidigung und Unterstützung der bedrohten Glaubensbrüder«. Worte, die aufrütteln sollten, doch offenbar schnell wieder vergessen worden sind. Höchste Waffenexportzahlen, gerade von Deutschland, auch in islamische Krisengebiete, werden von der Politik ebenso genehmigt wie die peinliche Teilnahme des deutschen Außenministers an einem Kulturfestival in einem wahhabitischen Staat, der allein an einem Tag im Januar des Jahres 2015 47 Todesstrafen vollstreckt hat. Auch die Ölgeschäfte des Westens mit islamischen Ländern laufen weiter auf Hochtouren. Terroristische Anschläge inner- und außerhalb Europas gehören inzwischen fast zur bedrückenden Alltagsrealität. Nach solchen Terroranschlägen in Nachbarstaaten gibt es eine Vielzahl von sicher gut gemeinten, emotional-symbolischen Aktionen im Stil der »Kultur der Betroffenheit«. Bei Verfolgungen, Vertreibungen von Christen aus ihrer Wohnung und Heimat, Enthauptungen,

Aufspießen auf Pfählen, Zwangsislamisierungen, Versklavungen und Vergewaltigungen, auch von minderjährigen Kindern, außerhalb des europäischen Kontinents gibt es lediglich kurze Meldungen in einigen Medien bei uns – wenn überhaupt.

Das überkonfessionelle Hilfswerk »Open Doors«, das jährlich einen Weltverfolgungsindex verfasst, stellt für das Jahr 2015 fest, dass mehr als 100 Millionen Menschen weltweit wegen ihres Glaubens verfolgt wurden, am stärksten Christen. Im Weltverfolgungsindex für das Jahr 2016 stehen auf den ersten zehn Plätzen der brutalsten Verfolgerstaaten: Nordkorea – Irak – Eritrea – Afghanistan – Syrien – Pakistan – Somalia – Sudan – Iran und Libyen.[1] Der vor Kurzem verstorbene britische Verleger Lord George Weidenfeld hat Ende 2015 in einem »Welt«-Interview den »Islamischen Staat« (IS) als schlimmer als die Nazis und Bolschewiken bezeichnet mit der Begründung: »Sie köpfen und kastrieren ihre Opfer, sie schänden Frauen nach Belieben, kreuzigen die Menschen, verstümmeln sie systematisch – und das alles mit obszöner sexueller Freude. Das ist moralisch für mich die unterste Stufe des Menschseins.«

Auch der chaldäische Erzbischof Amel Shimon Nona hat in einem Gespräch Ende 2015 den Westen an seine getrübte Wahrnehmung der islamistischen Bedrohung erinnert. »Der Westen durchlebt eine innere Krise, er verliert die Grundwerte des Lebens, das macht euch schwach, verängstigt und – wie ich beobachten muss – völlig unfähig, auf eine äußere Krise wie den Islamischen Staat zu reagieren. Die Terroristen sind eine Minderheit, genauso sind auch die Moslems in euren Staaten eine Minderheit, und doch machen euch beide Angst. Solche Angst, dass ihr geradezu in Ehrfurcht vor ihnen erstarrt. Ihr selbst

[1] Vgl. Grafik, in: *Der Fels*, 2/2017, S. 55.

aber habt sie in eure Länder gelassen, die einen wie die anderen, denn sie gehen Hand in Hand.« Und auf die Frage: »Was ist der Grund dafür?«, antwortet Nona: »Ihr lehnt die Werte ab, auf denen eure Gesellschaft aufgebaut wurde und die sie groß gemacht haben. Alle wirklich soliden, tragfähigen und krisenfesten Errungenschaften, die ihr heute genießt, sind aus diesen Werten hervorgegangen, und das sind christliche Werte. Doch dann habt ihr an einem bestimmten Punkt der Geschichte gemeint, ihr könnt euch nun von diesen Werten, diesen Fundamenten verabschieden und das Gebäude bleibt trotzdem stehen. Kein Haus bleibt aber stehen, wenn man Hand an seine Fundamente legt. Das ist Hochmut, der seinen Preis fordert. Ihr habt alles auf die individuelle Freiheit gesetzt, die gewiss wichtig ist, aber ohne die Wahrheit ist sie letztlich wertlos und bricht zusammen, sobald das Erbe der christlichen Werte, von denen sie ausgegangen ist, aufgezehrt ist.«

Ähnlich sieht es der chaldäisch-katholische Patriarch Louis Raphaël Sako, welcher den Westen frühzeitig davor warnte, allzu blauäugig muslimische Flüchtlinge aus dem Nahen Osten aufzunehmen.[2] Es ist bedauerlich, dass solche seriösen Weltkirchenstimmen, aber auch zahlreiche empirische Belege, Statistiken und Mahnungen bei vielen Menschen weiterhin nicht zu einem Bewusstseinswandel führen, der dringend geboten wäre, weil viele die islamistische Bedrohung für die christliche Zivilisation verharmlosen und verdrängen. Dabei gibt es Folgendes zu beachten:

Erstens: Auf der Welt leben 1,6 Milliarden Muslime, die sich unabhängig davon, ob sie als Minderheit in einem Land wohnen oder dort zur Mehrheitsbevölkerung gehören, durch eine überdurchschnittliche Geburtenrate auszeichnen.

---

[2]   Patriarch Louis Raphaël Sako, in: *Die Tagespost*, 26. November 2015, S. 8.

Zweitens: »In allen muslimischen Gesellschaften vollziehen sich Gärungsprozesse, die die Rolle der Religion in Staat und Gesellschaft betreffen.« Dabei gewinnt die »konservative Interpretation des Islam zunehmend an Bedeutung«.

Drittens: Das Ziel heißt: Infragestellung der Trennung von Staat und Religion und die Schaffung eines »Staatswesens nach islamischen Prinzipien«, also die Verwirklichung des »Traums vom islamischen Gottesstaat in den unterschiedlichen Schattierungen« (Syrien, Irak, Iran, Pakistan, afrikanische Länder, Salafismus, Wahhabismus, Schiiten und Sunniten).[3] Für wesentliche Kenntnisse über den Islam sind wir insbesondere auch Udo Ulfkotte dankbar, der immer wieder mutig berichtet und das, was er geschrieben hat, empirisch belegt hat, der bedroht und verfolgt wurde, sich ins Ausland abgesetzt hat und leider vor wenigen Monaten verstorben ist.

Einer der ständig in der Öffentlichkeit wiederholten Vorwürfe von unkritischen Islam-Bewunderern ist die Islamophobie, die allzu sorglose oder manipulativ agierende Politiker, Journalisten und muslimische Führer und Verbandsvertreter ständig realistischen Beobachtern vorhalten. »Aber die Wahrheit ist, dass Muslime nicht nur im Westen, sondern auch in anderen Ländern der Welt, wo muslimische Minderheiten leben – etwa Ghana oder Indien –, ein Ausmaß an Gleichberechtigung genießen, von dem religiöse Minderheiten in muslimischen Ländern nur träumen ...«, schreibt der Soziologe Ruud Koopmans, Direktor der Abteilung Migration, Integration und Transnationalisierung im Wissenschaftszentrum für Sozialforschung Berlin.[4] »Unter den zehn Prozent der weltweit am stärksten diskriminierten religiösen Minderheiten« gebe es nur zwei Fälle, »in denen Muslime von Staaten mit

---

[3] Zu den Punkten erstens bis drittens: Thilo Sarrazin, *Wunschdenken*, München 2016, bes. S. 78 f.
[4] Ruud Koopmans, in: *Frankfurter Allgemeine Zeitung*, 1. Juli 2016.

einer nicht muslimischen Mehrheit unterdrückt werden: Myanmar und Russland. Dagegen gibt es 34 Fälle extremer Diskriminierung nicht muslimischer Religionsgruppen durch einen Staat mit einer muslimischen Bevölkerungsmehrheit.«[5]

Was in der öffentlichen Diskussion bewusst tabuisiert wird, ist der Hass des radikalen Islam auf die Homosexuellen. Koopmans weist darauf hin, dass der Islam »insgesamt homophob« ist. Es gebe »zehn Länder auf der Welt, wo ... das Töten von Homosexuellen offizielles Gesetz ist«, und in zwanzig weiteren muslimischen Ländern sei »Homosexualität illegal«, und er kommt zu dem Schluss, dass lediglich wahrheitswidrig behauptet werden kann, »dass der Hass auf Anderslebende und Andersgläubige ›nichts mit dem Islam zu tun‹ habe oder dass ›der‹ Islam eine ›Religion des Friedens‹ sei«. Das Schweigen der Homosexuellen und ihrer Lobbyisten hierzu in unserem Land ist genauso wenig zu verstehen wie das Schweigen der Feministinnen zu häuslicher Gewalt, Zwangsheiraten, Genitalverstümmelungen, Ehrenmorden und vielfältigen Benachteiligungen der Frauen im Islam.

Es zeuge außerdem von einem mangelhaften Unrechtsbewusstsein, »die Trommel der ›Islamophobie‹ zu rühren, aber zu schweigen über die viel schlimmere Phobie der muslimischen Welt gegen alles Unislamische«. Schließlich wird diese Tatsache auch noch durch den Antisemitismus vieler Muslime unterstrichen. Er ist zwar »leider immer noch in großen Teilen der Welt verbreitet ... doch in fast allen Weltreligionen lehnt eine deutliche Mehrheit der Befragten Antisemitismus ab. Nur im islamischen Nahen Osten und in Nordafrika ist das anders. Dort ist Antisemitismus kein Minderheitenphänomen, sondern die gesellschaftliche Norm: 74 Prozent der

---

[5] Ruud Koopmans, »Der Terror hat sehr viel mit dem Islam zu tun«, in: *Frankfurter Allgemeine Zeitung*, 1. Juli 2016.

Bevölkerungen dieser Länder haben ein antisemitisches Weltbild.«

Aber statt eine Verhaltensänderung zu fordern – Koopmans spricht von einer notwendigen »Revolution des Denkens« im Islam –, wird von vielen weiterhin lautstark verkündet, der Islam sei eine friedfertige Religion und selbst Terroristen, die unschuldige Menschen ermorden, würden die islamische Religion nur missbrauchen. Nach dem grausamen Mord an 49 Personen in Orlando, USA, wurde von »Selbstradikalisierung des Attentäters« und nicht vom Zusammenhang zwischen dem fundamentalistischen Islamisten und seinem Hass auf Homosexuelle gesprochen. Der »Eiertanz« zur Verleugnung dieses Zusammenhangs durch unsere öffentlich-rechtlichen Rundfunkanstalten in ihrer Berichterstattung über Orlando war an Peinlichkeit nicht mehr zu überbieten.

Selbst der ägyptische TV-Moderator Omer Adib hat vor Kurzem zum Thema Islam und Terror öffentlich Folgendes bekannt: »Wir haben vor 1 400 Jahren den Verstand getötet. In unserer Religion existieren diese Verbrechenslehren, und sie werden weiter verbreitet. Wann sehen wir das ein, statt uns seit 1 400 Jahren selbst zu belügen?«

Wolfgang Ockenfels, ein bekannter Sozialethiker und Dominikanerpater, hat mehrfach darauf hingewiesen, dass der Islam schon immer eine »politische Religion« war. Dies impliziere u. a. auch »rechtliche Ordnungsvorstellungen und vor allem politische Machtansprüche, welche mit dem christlichen Selbstverständnis, aber auch mit unserem Grundgesetz nicht kompatibel sind«.[6]

6 Wolfgang Ockenfels, Interview in: *Die Tagespost*, 22. Dezember 2015.

Und wo ist eigentlich die klare Stimme unserer kirchlichen Eliten in Deutschland, die nicht dem politischen Mainstream hinterherläuft? Kann es sein, dass der Eindruck richtig ist, der sich bei der Wahrnehmung mancher öffentlicher Erklärungen einstellt, dass nämlich der Koran und andere authentische Schriften nur selektiv gelesen und Bücher von seriösen, gut informierten Warnern wie zum Beispiel Necla Kelek, Ayaan Hirsi Ali, Joseph Fadelle, Seyran Ates, Hamed Abdel-Samad, Sabatina James u. a. sogar bewusst verdrängt werden? Ist auch der faktische Einzug der Scharia in unser Rechtssystem, vor allem im Familien-, Erb- und Sozialrecht, bisher nicht wahrgenommen worden und wenn, dann lediglich als »Bereicherung«?

Warum weist der Ratsvorsitzende der EKD, Heinrich Bedford-Strohm, die »Ängste vor einer angeblichen Islamisierung Deutschlands als ›kleingläubig‹ zurück«, und warum bezeichnet die frühere Ratsvorsitzende Margot Käßmann die Angst vor einer Islamisierung in Deutschland als »Unsinn«? Auch ihre angesichts der Glaubensrealität in Deutschland eher zynische Empfehlung, diese Menschen sollten, statt Ängste aufzubauen, sonntags in die Kirche gehen – das hat sie von Angela Merkel gehört oder umgekehrt –, ist insofern grober Unfug, weil der Kirchgang, wie es beispielsweise die verfolgten Christen Syriens leidvoll erfahren haben, nicht vor der Verfolgung durch Islamisten schützt.

Kölns Kardinal Rainer Maria Woelki sagte kürzlich: »Wer Ja zu Kirchtürmen sagt, der muss auch Ja sagen zu Minaretten.« Damit hat er Kirchen und Moscheen im religiösen, rechtlichen und politischen Sinne gleichgesetzt. So viel religiöse Toleranz wünscht man sich auch in muslimischen Ländern, oder haben Sie dort schon einmal den Satz gehört: »Wer Ja sagt zu Minaretten, der muss auch Ja sagen zu Kirchtürmen?«

Und warum sind Muslime und Homosexuelle in Flüchtlings-
unterkünften besonders zu schützen, während die von Muslimen diskriminierten Christen bei Beschwerden darüber von
Salafisten des Wachpersonals verlacht und als »Störenfriede«
zurückgewiesen werden, deren besonderer Schutz nicht nötig
ist? Nimmt man immer noch nicht zur Kenntnis, dass in das
Personal von Flüchtlingseinrichtungen, insbesondere im Si-
cherheitsdienst und bei den Dolmetschern, militante Muslime und Salafisten eingeschleust worden sind? Wer macht sich
für diese nun leider erneut und doppelt verfolgten Christen in
unserer Kirche stark? Wer in der Politik? Der seine katholische Sozialisierung so gern zur Schau stellende Ministerprä-
sident von Baden-Württemberg, Winfried Kretschmann, wohl
nicht. Angesprochen auf das Burka-Verbot in der Bundesrepublik fiel ihm nichts Besseres zu dieser Diskussion ein als der
Satz: »Mich erschüttert es, welche Angst einige Bürger in
Deutschland vor dem Islam und einer Islamisierung haben.«
Aus einer gesicherten Staatskanzlei und einem gepanzerten
Dienstfahrzeug heraus lässt sich so etwas leicht sagen!

Wohin man auch blickt: Verharmlosung und Anpassung,
Gleichgültigkeit und Ignoranz statt Aufklärung, kulturellen
Widerstands und mutigen Eintretens für die eigenen Glaubenswahrheiten – das kann nicht gut gehen! Nur ein Bewusstseinswandel kann das Fortschreiten der gegen unsere christlichen
und demokratischen Werte gerichteten weiteren Islamisierung
verhindern. In Verantwortung gegenüber den uns nachfolgen-
den Generationen in Europa und den verfolgten Christen
weltweit stehen wir vor einer großen Herausforderung, der
wir uns mutig stellen müssen. Viel Zeit bleibt uns nicht mehr!

Der Islam und die Toleranz

Seit Jahren überziehen islamistische Terroristen die Welt mit Attentaten: USA, Bali und Djerba, Irak, Syrien, Nigeria und Philippinen, Madrid und London, mehrfach Brüssel und Paris – jüdischer Supermarkt, Redaktion von Charlie Hebdo, Konzertsaal Bataclan, Saint-Denis und Stade de France, Charleroi und Rouen, wo am 26. Juli 2016 ein 84-jähriger Priester während der Feier der heiligen Messe in der Kirche von Saint-Etienne-du-Rouvray rituell hingerichtet wurde, sowie auf der Promenade in Nizza. Und in Deutschland gab es Attentate in Essen, in einer Regionalbahn bei Würzburg sowie in Ansbach, wo sich ein Attentäter bei einem Festival in die Luft sprengte. Der brutalste Anschlag wurde auf dem Weihnachtsmarkt vor der Gedächtniskirche in Berlin im Dezember 2016 durch einen tunesischen Islamisten verübt. Eine beispielhafte, längst nicht vollkommene Aufzählung von islamistischen Terrorakten, deren Täter sich auf den Koran berufen und seine Aufforderung zum Kampf gegen die »Ungläubigen« ernst genommen haben. Bei uns und anderswo im Westen erleben wir oft stumme hiesige Verbände und Moscheevereine, so wie es u. a. auch bei der Erschießung der Nonnen in Somalia, beim iranischen Konvertitenpastor Behnam Irani war, der über fünf Jahre unschuldig im Gefängnis von Karadsch im Iran saß und mehrfach brutal gefoltert und schwer verletzt wurde. Das Gleiche gilt für Asia Bibi, die seit Juni 2009 in Pakistan in Haft sitzt und wegen der Beschuldigung durch muslimische Frauen nach einem Streit wegen Verunglimpfung Mohammeds zum Tode verurteilt wurde, weil sie als Christin aus derselben Wasserschale getrunken und das Höchste

Gericht in Islamabad im Oktober des letzten Jahres zum fünften Mal eine Verhandlung wegen einer eventuellen Aufhebung der Hinrichtung ohne Nennung eines neuen Termins vertagt hatte. Islamische Geistliche und Gelehrte bedrohen die Richter und Verteidiger von Asia Bibi, die fünf Kinder hat. Christen sind in Pakistan Menschen zweiter Klasse.

Und im lange Zeit religiös relativ toleranten Indonesien brodelt es ebenfalls, weil radikale Muslime verstärkt aggressive Positionen gegen Christen einnehmen.

In dem aufsehenerregenden Buch von Louis Raphaël Sako[1], Patriarch der chaldäischen Kirche im Irak, schildert dieser die Zunahme der Verfolgungen und Gewalt gegen Christen seit dem Sturz von Saddam Hussein 2003 und den vielfachen islamistischen Terror, bei dem nicht selten auch Muslime ermordet werden, die Christen schützen. Das Schicksal der Jesiden ist ebenso furchtbar, besonders für die Frauen, die auf den IS-Sklavenmärkten wie Vieh gehandelt und verkauft werden.

Wenn man aufgrund dieser Ereignisse der Versuchung erliegen und den Islam und die Islamisierung undifferenziert gleichsetzen würde, wäre man unredlich, weil es *den* Islam nicht gibt. Es gibt ihn natürlich als Religion, weit verstreut über unsere Welt, aber nicht als eine homogene Realität, nicht als einen einheitlichen Welt-Islam. Ägypten, Syrien, Libyen, Irak, Afghanistan, Algerien, Tunesien, Nigeria, Somalia und Osteuropa, Schiiten, Sunniten, Sufisten und Salafisten, Frömmler und Säkulare, die den Koran und die Hadithe (Überlieferungen) unterschiedlich auslegen, haben voneinander abweichende historische Traditionen und religiöse Kulturen.

Aber genauso wie eine solche Gleichsetzung an der Realität vorbeigehen würde, wäre es ein ebenso fataler Irrtum,

---

[1] Louis Raphaël Sako, *Marschiert endlich ein! Stoppt die Ermordung der Christen im Nahen Osten. Ein Aufschrei aus Bagdad*, Freiburg 2016.

wenn man aufgrund solcher Unterschiede zu der Schlussfolgerung käme, der Islam und der Islamismus hätten nichts miteinander zu tun. Es wäre schon deshalb falsch, weil sich die Islamisten in ihren Vernichtungsaktionen ja ausdrücklich auf bestimmte Suren des Koran beziehen, die zum »Heiligen Krieg« aufrufen, und sie damit nichts anderes tun, als diesem Ruf zu folgen. Und den Muslimen, die die Gewalt ablehnen, weil sie solche Suren lediglich aus der Historie verstehen, die für sie aber in der Gegenwart keine Gültigkeit haben, werfen sie Häresie vor.

Rudolf Möckel, ein Pfarrer der Evangelisch-lutherischen Landeskirche Hannover, stellt in dem von ihm herausgegebenen Buch *Brennpunkt Islam – Hass oder Friedensreligion? Was sagt der Koran?* völlig zu Recht fest, dass dieses Dilemma der unterschiedlichen Auslegung des Koran unlösbar bleibt, »weil es keine islamische Instanz gibt, die für alle Muslime verbindlich festlegen könnte, welche Koranaussagen nun gelten und welche nicht«.[2]

Ayaan Hirsi Ali, Somalierin, die sich der von ihrem Vater geplanten Zwangsheirat durch Flucht in die Niederlande entzogen hat, seitdem einen mutigen Kampf für die unterdrückten islamischen Frauen führt und deshalb häufig Todesdrohungen von islamistischen Fanatikern erhalten hat, beschreibt in ihrem Buch *Ich klage an. Plädoyer für die Befreiung der muslimischen Frauen* drei wichtige Elemente des islamischen Glaubens:

»Das erste Element ist die Beziehung eines Muslims zu seinem Gott: Sie ist angsterfüllt.«

»Das zweite Element ist, dass der Islam nur eine einzige Quelle für seine Moral kennt: den Propheten Mohammed. Mohammed ist unfehlbar.«

---

[2] Rudolf Möckel, *Brennpunkt Islam – Hass oder Friedensreligion?*, Dillenburg 2015, S. 127.

Das dritte Element ist »die Dominanz einer Sexualmoral im Islam, die sich von den Werten arabischer Stämme aus den Zeiten ableitet, als der Prophet von Allah dessen Botschaften empfangen hat: eine Kultur, in der Frauen Besitz waren«.[3] Es ist deshalb kein Zufall, dass der Koran für viele Muslime nur auf Arabisch authentisch und im Prinzip auch nicht übersetzbar ist bzw. solche Übersetzungen als nicht authentisch anerkannt werden.

Unbestritten sind für den Islam eine patriarchalische Struktur, Gehorsam gegenüber den religiösen Autoritäten und den Eltern, besonders dem Vater, nicht selten unter Anwendung häuslicher Gewalt, und Ungleichheit der Geschlechter mit Nachteilen für alle weiblichen Personen. Eindeutige Beweise dafür sind die Genitalverstümmelung, Zwangsheirat und Ehrenmorde. Und natürlich fördert eine solche Struktur die Gewaltbereitschaft.

Auch wenn es immer wieder einzelne Anläufe aus der islamischen Welt zur Liberalisierung gibt, ist die Feststellung von Seyran Ates in ihrem Buch *Der Multikulti-Irrtum. Wie wir in Deutschland besser zusammenleben können* wohl richtig, die zu dem Ergebnis kommt: »Es gibt fundamentalistische, demokratie- und frauenfeindliche islamische Kräfte, die sich gegen jede Historisierung und Modernisierung ihrer Religion wehren und im 21. Jahrhundert wieder mittelalterliche Zustände zu etablieren trachten.«[4] Seyran Ates, geboren in Istanbul, lebt seit 1969 in Deutschland. Sie wohnt in Berlin und ist Rechtsanwältin. Wegen eines tätlichen Angriffs und mehrfacher Drohungen hat sie ihre Zulassung als Anwältin zurückgegeben und ihre Kanzlei geschlossen.

---

[3] Ayaan Hirsi Ali, *Ich klage an. Plädoyer für die Befreiung der muslimischen Frauen*, München 2005, S. 9 f.
[4] Seyran Ates, *Der Multikulti-Irrtum. Wie wir in Deutschland besser zusammenleben können*, Berlin 2008, S. 210.

Eine Beurteilung des Islam ist nicht möglich, ohne wenigstens rudimentäre Kenntnisse von Mohammed und dem Koran zu haben.

Mohammed, arabisch: Muhammad, »Der Vielgepriesene«, ist 570 in Mekka, heute in Saudi-Arabien, geboren. Er verstand sich als ein von Allah gesandter »Prophet aller Völker«. In Mekka war er, etliche Jahre in bitterer Armut lebend, Karawanenführer, und danach in Yathrib, dem späteren Medina, verstand er sich vor allem als Kriegsherr, Gesetzgeber, Politiker und Prophet. Er war Analphabet bis zu seinem Lebensende, hatte insgesamt 13 Frauen und Konkubinen und starb als kranker Mann 632 in Medina.

Das zentrale Glaubensbekenntnis des Koran lautet: »Es gibt keinen Gott außer Allah. Und Mohammed ist sein Prophet.« Der Koran lehrt, rechtschaffen zu leben, aber ob das der sichere Weg in die Ewigkeit bedeutet, weiß nur Allah, der ausnahmslos die letzte Entscheidung hat, sodass vor der endgültigen Rettung immer ein Fragezeichen, ein Vielleicht, steht. Der einzig sichere Weg ist der Märtyrertod im Djihad. Dieses arabische Wort bedeutet zunächst »sich anstrengen für Allah«, wird aber auch mit »Heiliger Krieg« übersetzt und bedeutet nach den allermeisten Fundstellen im Koran, »einen Krieg um des Glaubens willen führen«. Sogar einige Suren weisen schon in ihren Überschriften auf den Auftrag Allahs hin, mit der Waffe für ihn zu kämpfen, zum Beispiel die Suren 8 »Die Kriegsbeute«, 48 »Der Sieg«, 58 »Der Streitende« und 61 »Die Schlachtordnung«.[5] Der Koran belegt zweifelsfrei, dass der Islam eine politische Religion ist mit dem Ziel der Errichtung eines Gottesstaates auf Erden, weshalb Muslime in einem Staat immer die Macht anstreben, was die Illusionäre konfliktfreier Integrationswünsche meistens nicht

---

[5] Adelgunde Mertensacker (Hg.), *Islam von A bis Z. Ein Kurzlexikon*, Lippstadt 2012; Die Deutschen Konservativen (Hg.), *Allahu Akbar. Islamistischer Terror*, Hamburg 2016.

wahrhaben wollen. Religion, Staat und Politik gehören immer zusammen, und Religion ist im Islam nie Privatsache.

Der Koran bestimmt, was sittlich gut oder schlecht ist. Er verneint ein natürliches Sittengesetz oder »sittliches Naturgesetz«, weil er allein Weisungen erteilt.

Islam heißt »Unterwerfung, Ergebung«, nämlich unter Allahs Willen, und ein Muslim (Moslem) ist ein Mensch, »der sich unterworfen hat«, weshalb der Koran auch keine Kritik am Islam oder an Mohammed erlaubt. Der Muslim kann deshalb seinen Glauben auch nicht ohne Sanktionen der *Umma* (Glaubensgemeinschaft) aufgeben.

Hamed Abdel-Samad, Sohn eines ägyptischen Imams und Islamkritiker, der mit einer Fatwa belegt ist und in Deutschland unter Polizeischutz lebt, hat in seinem Buch *Der Koran. Botschaft der Liebe. Botschaft des Hasses*[6] eine »Sowohl-als-auch-Koran-Exegese« formuliert, die er wie folgt zusammenfasst: Man findet im Koran »fast alles: Mitgefühl und Hass, Frieden und Gewalt, Toleranz und Intoleranz, Vergebung und Rache, Zusammenleben und Vertreibung von Andersgläubigen«.[7] Es gibt also keine eindeutigen, übereinstimmenden, sondern widersprüchliche Botschaften, die je nach Lebensabschnitt von Mohammed in Mekka oder später in Medina unterschiedlich ausfallen. In einem Interview Ende 2016 hat er zur Frage der Toleranz erklärt: »Hätten wir von Anfang an klare Regeln gezeigt und den Islamisten den Riegel vorgeschoben, wäre es anders. Aber wir haben geglaubt, die ganze Welt bestehe aus Humanisten. Wir haben zugelassen, dass im Namen der Toleranz die Intoleranten ihre Strukturen aufbauen konnten. Das war unsere Schwäche. Das er-

---

[6] Hamed Abdel-Samad, *Der Koran. Botschaft der Liebe. Botschaft des Hasses,* München 2016.

[7] Hamed Abdel-Samad, »Das ist die Dekadenz des Denkens«, in: *Die Tagespost,* 31. Dezember 2016.

kennen wir aber erst jetzt, wo es einen Anschlag nach dem anderen gibt.«[8]

Necla Kelek, geboren in Istanbul, islamkritische Publizistin, verweist in ihrer Laudatio auf Michel Houellebecq bei der Verleihung des Frank-Schirrmacher-Preises am 26. September 2016 in Berlin noch auf einen anderen interessanten Aspekt: »Wir haben Islamwissenschaften, die keine Untersuchungen zum Koran oder zu den Hadithen zulassen ... Wie mit den 200 Gewaltstellen im Koran umgegangen werden soll, ist kaum ein Seminar wert.« Sie nennt dieses »Wissenschaftsversagen« eine »Folge der ideologisierten Herangehensweise der Migrationsforschung«.[9]

Es geht nicht um Ausgrenzung oder Generalverdacht und natürlich ist bekannt, dass auch Muslime von Muslimen verfolgt und getötet werden. Aber es darf auch umgekehrt gegen solche, die die Schwachstellen des Islam und des Koran benennen, keinen Generalverdacht und den Vorwurf der Islamophobie geben. Die Phobie der muslimischen Welt gegen alles Unislamische ist viel größer als die tatsächlich vorhandene Islamophobie bei uns und anderswo.

Im Islam gibt es den Hass auf Andersgläubige. Der Islam ist keine Religion des Friedens. Und aufgrund mancher Diskussionen und Behauptungen in der Öffentlichkeit ist der Hinweis wichtig, dass eine kritische Bewertung, die auf Tatsachen beruht, etwas anderes ist als eine unkritische Verharmlosung oder Verteufelung. Wenn der Islam eine Religion des Friedens und der Toleranz wäre, warum sind denn dann so viele Muslime auf der Flucht vor ihm in den von ihnen so verhassten Westen?

---

[8] *Ebd.*
[9] Necla Kelek, »Laudatio für Michel Houellebecq«, in: *Die Welt,* 27. September 2016.

Ayaan Hirsi Ali stellt die berechtigte Frage: »Wenn wir Muslime so tolerant und friedliebend sind, warum gibt es dann in islamischen Ländern so viel ethnische, religiöse, politische und kulturelle Zerrissenheit und Gewalt? [...] Warum sind wir Muslime so voll von Gefühlen der Wut und des Unbehagens und tragen so viel Feindseligkeit und Hass untereinander und anderen gegenüber in uns? Warum gelingt es uns nicht, uns selbst zu hinterfragen?«[10]

Und weiter: Warum gibt es denn so viele religiös motivierte Übergriffe gegen Christen in unseren Flüchtlingseinrichtungen, so viel Familiengewalt, Parallelgesellschaften, No-go-Areas und Salafisten, die Menschen in Deutschland indoktrinieren und junge Leute für den IS anwerben? Wenn ich eine solche von einer fremden Kultur ausgehende reale Gefahr sehe und ablehne, bin ich dann ein Brandstifter? Oder bin ich es, wenn ich für die Abschaffung von Kinderehen, Genitalverstümmelungen, Zwangsheiraten oder Ehrenmorden eintrete? Oder wenn ich auf die Tatsache verweise, dass Christentum und Islam nicht dasselbe, sondern ein unterschiedliches Gottes- und Menschenbild haben? Dass die Menschenwürde bei beiden Religionen nicht vergleichbar ist, weil im Christentum die Würde des Menschen vor allem aus der Gottesebenbildlichkeit, also letztlich von Gott selbst kommt und deshalb auch unantastbar ist – übrigens für jeden Menschen und nicht nur für den Christen –, während der Islam dem Menschen diese besondere Würde als Gottes Ebenbild nicht zugesteht?

Mit Verneinung, Verharmlosung, Beschönigung oder Tabuisierung von Defiziten und Problemen, mit Naivität oder theologischer Anbiederung kann ich nichts anfangen, völlig egal, aus welchen Kreisen sie mit welcher Intention inszeniert werden. So führt man keinen gesellschaftlichen Diskurs! Ich

---

[10] Ayaan Hirsi Ali, *Ich klage an*, a. a. O., S. 42.

halte es weder für richtig noch für angebracht, dass am Reformationstag 2016 eine Predigt des Vorsitzenden des Zentralrates der Muslime in Deutschland, Aiman Mazyek, in der Laurentius-Kirche in Altdorf bei Nürnberg stattfand, in der er den Teilnehmern einzureden versuchte, dass der Islam Frieden bedeute und dass der Muslim angehalten sei, »mit Gott und seinen Mitmenschen in Frieden zu leben«. Der zuständige Dekan Jörg Breu hatte es als Anliegen der Reformation bezeichnet, »althergebrachte Denkstrukturen aufzubrechen«. Die evangelische Kirche müsse mehr als das »Lutherlala« am Reformationstag anbieten.[11] Und es kann ja wohl auch keiner ernsthaft von mir verlangen, dass ich die Tatsache, dass die ARD in einer Sendung von Anne Will am 6. November 2016 die Schweizer Konvertitin Nora Illi einlädt, die vollverschleiert auftritt und sich beschönigend zur Terrorgruppe IS und zur Ausreise vor allem junger Mädchen in deren Herrschaftsbereich äußert, begrüße und mit Beifall bedenke, auch wenn einige meinen, solche Botschaften gehörten inzwischen zum Pflichtprogramm von staatsfinanzierten Medien.

Es ist völlig unbestritten, dass es viele friedliebende und tolerante Muslime gibt. Das ist aber etwas anderes als die Behauptung, der Islam insgesamt sei eine friedliebende und tolerante Religion. Kritik am Islam wird leider oft mit Beleidigung gleichgesetzt, weil es im Islam nicht die kritische Methode gibt. Das bedeutet aber nicht, dass wir die kritischen Punkte ignorieren, sie verharmlosen, uns anpassen, sie uns gleichgültig sind und wir uns deshalb dem Geschwätz des Mainstream anschließen und der »Political Correctness« unterwerfen. Der Hass und die Todesdrohungen gegen Kritiker des Islam, des Koran oder Mohammeds können uns doch nicht entgangen sein. Häufige Vorwürfe der Islamophobie gegen uns bei gleichzeitiger Verhängung der Fatwa gegen Menschen,

---

[11] Presseerklärung und Rundmail vom 2. November 2016.

die Kritik am Islam äußern, muss als Widerspruch offengelegt werden.

Der Respekt und die Achtung eines Christen gegenüber einem nicht christlichen Gläubigen sind nicht gleichzusetzen mit der Bejahung des anderen Glaubens und einem Verzicht auf die eigenen Glaubenswahrheiten. Die Frage nach der Wahrheit schließt die Bereitschaft zum Verstehen genauso ein wie die Benennung von Verschiedenheiten. Toleranz bedeutet niemals ein feiges Aufgeben der eigenen Positionen und Überzeugungen.

Über den Islam und die Gewaltverse im Koran sagt auch Mouhanad Khorchide, Professor für Religionspädagogik an der Universität Münster, in einem Gespräch mit dem EKD-Ratsvorsitzenden, dass die Muslime klären müssen, wie sie mit diesen Gewaltversen umgehen.[12]

Auch für uns Christen sind sie Herausforderungen und keine Einladung für Gutmenschen zum Kuscheln.

---

[12] Mouhanad Khorchide, in: *Chrismon Spezial*, Oktober 2016.

Die »kleine Herde«:
Rolle und Bedeutung von Minderheiten in Gesellschaft, Politik und Kirche

1. Einleitung

Das obige Thema stellt wichtige Fragen, auf die wir Christen Antworten geben müssen. Sicher ist zunächst, dass eine »kleine Herde« gegenüber einer größeren Einheit in der Minderheit ist. Manchmal ist sie sogar unsichtbar, weil sie im Verborgenen wirkt, aber sie hat immer ein klares Ziel, steht für ihre Positionen ein, die sie mutig verteidigt, und gibt nicht auf. Im Zentrum steht die Bereitschaft, die Wahrheit nicht zu verleugnen, also im christlichen Sinne »Salz der Erde« und »Licht der Welt« zu sein, d. h. entschieden für Jesus Christus einzutreten. Die Kirche stellt in der Nachfolge Christi, des Einen, die Schar der wenigen, also die »kleine Herde« dar, durch die Gott die Welt retten will. Und dabei werden wir auch nicht alleingelassen, denn wir kennen die Verheißung aus dem Matthäusevangelium: »Denn wo zwei oder drei in meinem Namen versammelt sind, da bin ich mitten unter ihnen« (Mt 18,20).

Uns ist folgende amüsante Begegnung Mutter Teresas mit einem Journalisten geschildert, der sie provozieren wollte und zu ihr sagte: »›Mutter Teresa, Sie sind jetzt siebzig Jahre alt. Wenn Sie sterben, wird die Welt genauso aussehen wie zuvor. Was wird sich nach einer so großen Anstrengung wie der Ihren überhaupt geändert haben?‹ Ohne die leiseste Ungeduld und mit einem gewinnenden Lächeln antwortete sie: ›Wissen

Sie, ich habe nie geglaubt, ich sei fähig, die Welt zu ändern. Ich habe nur versucht, ein Tropfen reinen Wassers zu sein, in dem sich Gottes Liebe widerspiegeln kann. Scheint Ihnen das wenig zu sein?‹ Wie so oft entstand eine Stille. Niemand wagte, etwas zu sagen. Mutter Teresa wandte sich nochmals dem Reporter zu und sagte: ›Warum versuchen nicht auch Sie, ein Tropfen reinen Wassers zu sein? Dann wären wir schon zwei. Sind Sie verheiratet?‹ – ›Ja, Mutter Teresa.‹ – ›Erzählen Sie auch Ihrer Frau davon, dann sind wir schon drei. Haben Sie Kinder?‹ – ›Ja, drei Kinder, Mutter Teresa.‹ – ›Dann sagen Sie es auch Ihren Kindern, dann sind wir schon sechs.‹«[1]

Als Mutter Teresa am 5. September 1997 in Kalkutta starb, hatte ihre Ordensfamilie mit fünf Kongregationen 592 Häuser, sogenannte »Tabernakel«. Heute sind es über 750 Häuser mit mehr als 5 000 Schwestern.[2]

Daraus lernen wir, dass das Wirksamwerden der »kleinen Herde« bei jedem Einzelnen anfängt, oft zuerst im Gebet. Und dieser Beter ist häufig unsichtbar wie eine Wurzel, die man nicht sieht, aber ohne die es keine Blüten gibt, die man später bewundern kann. Und aus dem Unsichtbaren wachsen dann oft große sichtbare Erfolge. Denken Sie zum Beispiel an Frankreich: In den Demonstrationen der Bewegung *La Manif pour tous* (»Die Demo für alle«) gegen das Gesetzesvorhaben der Homo-»Ehe« mit zuletzt über einer Million Teilnehmern wurde die Arroganz der Macht der sozialistischen Politik und ihrer antichristlichen Haltung entlarvt. Oder denken Sie an die jährlich gestiegene Teilnehmerzahl in Deutschland beim »Marsch für das Leben«, das größer werdende Interesse gegen die Pläne zur Einführung der »sexuellen Vielfalt« in Kindertagesstätten und Schulen in mehreren Bundesländern, an

[1] Leo Maasburg, *Mutter Teresa, Die wunderbaren Geschichten*, München 2016, S. 248 f.
[2] *Ebd.*, S. 248 f.

die weiter wachsenden Beratungszahlen in den Lebensschutz-Organisationen, an das Wirken zahlreicher Geistlicher Gemeinschaften, an die spirituelle Begeisterung vieler Teilnehmer an den Nightfever-Abenden mit der großen Zahl Neugieriger und Rückkehrer in unsere Kirchen zum Gebet oder an die Glaubensfreude und religiöse Begeisterung auf Weltjugendtagen. Genau hier wollen wir der Sauerteig sein, eine kleine Pflanze, die wächst, der »heilige Rest«, von dem Jesaja spricht (Jes 28,5–22).

Nun ist der Rahmen gesteckt und das generelle Ziel für die »kleine Herde« formuliert. Es bleibt jetzt die Aufgabe, aus dem Alltag unseres Lebens in Gesellschaft, Politik und Kirche einige Beispiele vorzutragen, die Herausforderungen für die »kleine Herde« sind.

Beginnen wir mit ihrem Wirken in der Gesellschaft.

2. Das Wirken der »kleinen Herde« in der Gesellschaft

Erstens: Wir reden sehr oft von einer ökologischen Verunreinigung unserer Welt und meinen damit Flüsse, Meere, Luft und Erde. Viel wichtiger ist jedoch die Erkenntnis, die uns Papst Benedikt XVI. bei seiner Rede im Deutschen Bundestag im September 2011 vermittelt hat, dass es nämlich auch eine Ökologie des Menschen gibt. Aber unsere Gesellschaft ist oft nicht bereit, ihre geistig-moralische Verunreinigung zu erkennen und zu korrigieren. Der Kult des Ego und das Einfordern der totalen Freiheit führen zu ungebremster Aggressivität und hemmungsloser Gewaltbereitschaft, die Angriffe gegen die Polizei, die Zunahme von Messerattacken, das Hinunterstoßen friedlicher Personen von Rolltreppen oder Bahnsteigen oder das Anzünden von Obdachlosen zum Spiel oder zur Mutprobe erklären sowie Mädchen und Frauen auf der

Straße zu Freiwild werden lassen. Die Folgen solcher Entartungen sind immens, wie uns die steigenden Zahlen psychischer Erkrankungen und eine wachsende Suchtproblematik, besonders bei Jugendlichen, zeigen. Sie werden aber nicht ernsthaft erörtert, sondern verdrängt.

In einem Schreiben an die Bischöfe der katholischen Welt im März 2009 hat Papst Benedikt XVI. als das größte Problem unserer Zeit bezeichnet, »dass Gott aus dem Horizont der Menschen verschwindet und dass mit dem Erlöschen des von Gott kommenden Lichts Orientierungslosigkeit in die Menschheit hereinbricht, deren zerstörerische Wirkungen wir immer mehr zu sehen bekommen«.[3]

Zweitens: Wenn der Mensch mit seiner Rolle als Geschöpf nicht mehr zufrieden ist und anfängt, Schöpfer zu spielen, dann kennt er keine Grenzen mehr in seinem blinden Ehrgeiz, den Menschen zu manipulieren. Dann entscheidet er, wann das Leben beginnen darf und wann es enden muss. Damit verweigert er die Anerkennung, dass jedes menschliche Leben heilig ist und Gott allein über Leben und Tod entscheidet.

Drittens: Seit etlichen Jahren liegt in Deutschland die Zahl der Abtreibungen, ohne dass uns das Ausmaß der Dunkelziffer bekannt ist, bei vermutlich 100 000 oder mehr pro Jahr. Diese Praxis verstößt gegen das Naturrecht und unser Grundgesetz und missachtet außerdem die Position in einem Urteil des Bundesverfassungsgerichtes, in der u. a. ausdrücklich darauf hingewiesen wird, dass das ungeborene Kind ein eigenes Lebensrecht hat. So weit sind wir inzwischen bei uns gekommen, dass wir als Fundamentalisten beschimpft werden, wenn wir uns auf ein Urteil unseres höchsten deutschen Gerichtes berufen!

---

[3] Michael Hesemann, *Papst Franziskus. Das Vermächtnis Benedikts XVI. und die Zukunft der Kirche,* München 2013, S. 125.

Abtreibung wird von der Europäischen Union als »Menschenrecht«, auch für Minderjährige, deklariert. Ironischerweise wird diese Diskussion mit Freundlichkeit gegenüber den Familien und Entwicklungsländern sowie mit Freiheit und Selbstbestimmung der Frau getarnt. Die UN hat sogar vor Kurzem den Schutz des ungeborenen Lebens als »Folter« bezeichnet. Es ist und bleibt unglaubwürdig, wenn eine Regierung eine »Willkommenskultur« für jeden Menschen aus jedem Land der Erde in Deutschland fordert, aber gleichzeitig der Tötung von hilflosen ungeborenen Kindern im Mutterleib zustimmt – millionenfach in ihrer Regierungszeit!

Im Mephisto in Goethes Faust oder auch in der 1886 von Robert Louis Stevenson geschriebenen Novelle *Dr. Jekill and Mr. Hyde* erfahren wir, was aus dem Menschen wird, wenn er seine Würde immer mehr entstellt.

Viertens: Bei den Medien müssen wir mehr denn je darauf achten, dass sich eine freie Presse durch Kritikfähigkeit und nicht durch vorauseilende politische Hörigkeit auszeichnet. Der erhobene Zeigefinger von Moderatorinnen und Moderatoren, ihre inquisitorischen Fragen bei Interviews und ihre zur Schau gestellten Empörungsrituale sind unangebracht und arrogant.

Fünftens: Die Gender-Ideologie hat nicht, wie sie wahrheitswidrig vorgibt, die Gleichstellung von Mann und Frau zum Ziel, sondern stellt die Bestimmung der geschlechtlichen Identität zur freien Wahl. Diese Ideologie will im Kampf gegen das christliche Menschenbild eine anthropologische Revolution und stellt dabei die Zusammengehörigkeit von Geschlechtlichkeit und Fortpflanzungsfähigkeit radikal infrage. Auf ihrem ungeahnten gesellschaftlichen und politischen Siegeszug hat sie längst auch Deutschland erfasst, dessen Regierung sie schon 1999 »zum Leitprinzip und zur Querschnittsaufgabe der Politik« erklärt hat, ohne Beteiligung des Parlaments. Rund 200 Lehrstühle, meistens von Frauen besetzt, sorgen für eine pseudowissenschaftliche Verbreitung, während es für alte Sprachen wie Griechisch und Latein nur etwa 120 Lehrstühle bei uns gibt. Zu dieser Ideologie gehören auch die Forderungen der LGBTI-Lobby nach Anerkennung jeder Art von Homosexualität und die Verführung unserer Kinder in Kindertagesstätten und Schulen mit der sogenannten »sexuellen Vielfalt«.

Zum ersten Punkt der Anerkennung gehört nach ihrer Vorstellung nicht nur die Toleranz, sondern die uneingeschränkte Akzeptanz der Homosexualität, deren Vertreter darunter die Genehmigung der Homo-»Ehe«, das Adoptionsrecht für Homosexuelle und die rechtliche Zulassung von Leihmutterschaften verstehen.

Beim zweiten Punkt, der Einführung der »sexuellen Vielfalt« in Kindertagesstätten und Schulen, waren zumeist pädophile sogenannte »Sexexperten« für nahezu alle Erziehungsprogramme und Projekte verantwortlich, die auch von Kultusministern der CDU und CSU eingeführt werden oder bereits worden sind. Folgen davon sind gestiegene Abhängigkeiten von Pornografie, eine zunehmende Verhütungs- und Abtreibungsmentalität, Perversionen aller Art und sexueller Missbrauch.

Wenn und wo die unbegrenzte Lust den Menschen beherrscht, wenn der Leib nur noch als Körper missverstanden, die Sexualität als Ware angeboten sowie als Gebrauchsartikel verstanden wird, ist sie nicht mehr Befreiung, sondern Diktatur, und der Leib ist nicht mehr, wie Paulus ihn verstand, »ein Tempel des Heiligen Geistes« (1 Kor 6,19), sondern weit entfernt vom Abbild Gottes. Seit durch die »Königsteiner Erklärung« in Deutschland die Einnahme der Pille zur Verhütung einer Schwangerschaft mit Erlaubnis unserer Bischöfe jedem selbst und seinem persönlichen Gewissen überlassen wurde, war damit auch die Pastoral erledigt. Die Missachtung von *Humanae Vitae* hat der würdevollen Lehre über den Zusammenhang von Ehe, Familie, Sexualität und Zeugung schweren Schaden zugefügt. In diesem Punkt sind wir einer »kleinen Herde« der Bischöfe wie Gregor Maria Hanke, Rudolf Voderholzer, Stefan Oster und Heinz Josef Algermissen, die sich gegen die Gender-Ideologie, gegen die »sexuelle Vielfalt« und für die Initiativen *One of Us* (»Einer von uns«) und »Vater-Mutter-Kind« ausgesprochen haben, besonders dankbar. Aber wir sind auch Hedwig von Beverfoerde und ihren Mitstreitern zu großem Dank für ihren unermüdlichen Einsatz verpflichtet, den ich hier gerne ausspreche.

3. Die Herausforderungen für die »kleine Herde« in der Politik

Erstens: Bischof Heinz Josef Algermissen hat in einem Kommentar in der *Tagespost* am 8. Dezember 2016 im Zusammenhang mit dem Problem von Suizid und Suizidassistenz darauf hingewiesen, dass es zunehmend schwieriger wird, »in einem Milieu, das sich immer mehr von Gott abwendet, einen immer dichteren Vorhang vor den Himmel zieht, zu argumentieren«. Genau diesen dichten Vorhang sehen wir auch von der Politik zugezogen. Der Einfluss gläubiger Christen auf die politische Ebene hat dramatisch abgenommen. Diejenigen, die heute ihre Überzeugungen auf der Basis ihres christlichen Glaubens leben und vertreten, werden oft als Fundamentalisten oder sogar Rechtsradikale diffamiert und ziehen sich deshalb nicht selten aus dem politischen Leben zurück oder werden sogar zu Gegnern des politischen Systems. So handeln auch die Bürger, die das Gefühl haben, dass sich die Politik nicht mehr um ihre Sorgen kümmert. Das führt zum Verlust an Respekt, Vertrauen, Wertschätzung und Solidarität mit den etablierten Parteien. Wer zum Beispiel den Nationalstaat für überflüssig hält und Deutschlandfahnen bei großen Fußballereignissen als Beweis für Nationalismus nimmt und verurteilt, der darf sich nicht wundern, dass sich die Bürger von der Politik und den Parteien entsetzt abwenden. Das gilt vor allem auch dann, wenn die Politik Sicherheitsbedürfnisse der Bürger nicht mehr ernst nimmt, die Polizei im Stich lässt und eine Kuscheljustiz favorisiert, der kaum jemand Bedeutung beimisst.

Zweitens: In einer Demokratie dürfen wir nicht hinnehmen, dass neue Bewegungen und Parteien, weil sie politische Konkurrenten geworden sind, pauschal unter Generalverdacht gestellt und diffamiert werden. Ihnen werden Säle für Veranstaltungen verwehrt und Parteimitglieder der AfD erhalten Besuchsverbote in Rathäusern und werden ausgegrenzt und bedroht. Ihretwegen wird sogar kurz vor einer Wahl die Geschäftsordnung des Deutschen Bundestages geändert, um in jedem Falle einen Alterspräsidenten dieser Partei zu verhindern. Und die staatlichen Zensurstellen erregen sich immer nur »gegen rechts«, während alle, die mit dem linken Faschismus und mit islamistischen oder antisemitischen Hasstiraden oder Gewaltaufrufen sympathisieren oder sie sogar initiieren, in Ruhe gelassen werden. Das alles ist abstoßend, lässt Sitten verkommen, schafft Wut, Ablehnung und politisches Protestverhalten sowie Wahlverweigerung, denn Verunglimpfung kann nie ein probates Mittel für demokratische Auseinandersetzung sein. Kein Bürger ist bereit zu akzeptieren, dass er mit einem Bußgeld belegt wird, wenn er sich nicht beim Einwohnermeldeamt anmeldet, aber gleichzeitig Hunderttausende Migranten sich anonym im Land aufhalten und an verschiedenen Orten Gelder kassieren, die ihnen nicht zustehen. Ein solcher Kontrollverlust eines demokratischen Staates ist entweder abenteuerlich oder politisch gewollt und provoziert seine Bürger.

Drittens: Erst nach den massenhaft vorgekommenen sexuellen Übergriffen in mehreren deutschen Großstädten, besonders in der Silvesternacht 2015/2016 in Köln, wurden schwere Straftaten von mehrheitlich nordafrikanischen Tätern öffentlich thematisiert, aber erst dann, als die Anzahl der Frauen, die Anzeige erstatteten, sehr hoch war und die Empörung der Öffentlichkeit immer größer wurde. Die sexuellen Übergriffe wurden durch Körperverletzungen sowie durch Raub- und Eigentumsdelikte ergänzt. Und die Bürger haben zu Recht bei der Regierung häufig angemahnt, dass sie wissen wollen, wie sie die neuen Probleme, besonders auch die finanziellen, lösen will. Es ist völlig deplatziert, die alten Menschen nicht ernst zu nehmen, wenn sie nach der Sicherheit ihrer Renten oder der Zuzahlung bei Medikamenten fragen. Die gedruckten Merkblätter, auf denen die an Flüchtlinge zu zahlenden Sozialleistungen auf Arabisch vermerkt sind, können da genauso wenig helfen wie die Tatsache, dass trotz steigender Inflationsrate weiterhin keine Zinsen auf Ersparnisse gezahlt werden. Auch entstandene Probleme auf dem Wohnungs- und Arbeitsmarkt löst man nicht dadurch, dass man sie totschweigt.

Viertens: Darf sich der Bürger keine Sorgen mehr um seine Zukunft machen? Darf er keine Angst mehr haben, weil er einen schwachen und teilweise sogar hilflosen Staat erlebt? Es kann doch nicht sein, dass jede ernsthafte Kritik lediglich mit der Mahnung beantwortet wird: Kein Generalverdacht! Keine Überreaktion! Es gibt doch auch deutsche Kriminelle! Es sind alles Einzelfälle! Der Täter hat sich erst in unserem Land radikalisiert! Der terroristische Akt hat nichts mit dem Islam zu tun! Nichts dramatisieren! Gewalt gegen Frauen durch Nordafrikaner? Nicht überbewerten, die gibt es auch in deutschen Ehen! Klima der Angst in No-go-Areas in Deutschland, in denen der Staat die Kontrolle verloren hat? Macht doch nichts. Dann geht die Polizei dort eben nicht mehr hin! Und so weiter … usw. … Ich kann es nicht mehr hören! Aber welch ein Trost, dass es dann wenigstens noch Abgeordnete

der Grünen gibt, die mir beibringen, dass ich nicht »Nafri«
sagen darf, weil das rassistisch ist.

Fünftens: Die Politik einer Regierungschefin in einer Demokratie, die ihre Politik in wichtigen Fragen am Parlament
vorbei bestimmt und als »alternativlos« bezeichnet, wird dem
Bürger immer unheimlicher. Demokratie ist doch keine uner-
setzbare personalisierte Herrschaft! Norbert Bolz, ein Medien-
experte, der an der TU in Berlin lehrt, hat im Zusammenhang mit Merkels Verhalten hinsichtlich des Schmähgedichts
des TV-Comedians Jan Böhmermann und wegen ihres mehr-
fachen Kotaus vor dem türkischen Diktator Erdogan in einem
Interview erklärt: »Ich bin vor Scham in den Boden gesun-
ken. Die Reaktion von Frau Merkel kann einen sehr traurig
stimmen. Andererseits konnte man deutlich erkennen, wie
machiavellistisch sie tatsächlich ist. Frau Merkel ist wirklich
eine tolle Mischung aus Bergpredigt und Machiavelli.«[4]

Im Zusammenhang mit dem Versagen des Staates im Umgang mit dem Gefährder Anis Amri und der Feigheit gegenüber der türkischen Regierung und ihrem Despoten Erdogan
in Bezug auf Wahlkampfauftritte türkischer Regierungsmitglieder in Deutschland pflichte ich dem Redakteur der *Frankfurter Allgemeinen Zeitung*, Jasper von Altenbockum, bei,
der in einem Kommentar mit der richtigen Feststellung geschlossen hat, die Grenze unseres Rechtsstaates liegt dort,
»wo er sich für dumm verkaufen lässt«.[5]

Im Bereich der Politik gilt, wie in der Gesellschaft, dass sich
die »kleine Herde« gut informiert und sich dann mutig bei
den Punkten zu Wort meldet, bei denen sie die negativen
Denkmuster und Entscheidungen kritisch beleuchten und auch

---

[4] Interview von Stefan Meetschen mit Norbert Bolz, in: *Die Tagespost*,
     14. Mai 2016.
[5] Jasper von Altenbockum, in: *Frankfurter Allgemeine Zeitung*, 6. Januar
     2017.

mit demokratischen Mitteln bekämpfen muss. Die Verordnung einer »Political Correctness« und eines »geistigen Mainstreams« führt immer zu einem »Diktat des Relativismus« (ein Wort von Papst Benedikt XVI.) und zur Beschränkung der politischen Freiheit. Beides ist in einer aufgeklärten Demokratie nicht hinnehmbar und deshalb ein Feld zur Bearbeitung durch die »kleine Herde«.

4. Die Standpunkte der »kleinen Herde« zum Glauben und zur Kirche

Erstens: Das allgemeine Glaubenswissen ist auf schrecklich niedrigem Niveau. Peter Hahne schildert in seinem Buch *Finger weg von unserem Bargeld!*, wie er in einer Sendung einmal die Bergpredigt erwähnt hat und daraufhin folgenden Anruf erhielt: »Lieber Herr Hahne, in Ihrer Sendung wurde eine Bergpredigt erwähnt. Interessant! Können Sie mir bitte Autor und Verlag nennen?«[6] Es ist klar: Man kann sich nicht sein eigenes religiöses Programm zusammenstellen. Kein Christ kann die Wahrheit, die von Gott kommt, negieren oder zum »Christentum light« degradieren. Die Wahrheiten Christi sind unveränderbar. Man kann sie annehmen oder ablehnen, aber nicht verändern. Das Wort Jesu Christi lautet: »… die Wahrheit wird euch befreien« (Joh 8,32). Und dafür müssen wir bereit sein, auch Auseinandersetzungen zu führen, so wie sie übrigens auch Jesus Christus nicht gescheut hat. Nicht selten war er mit seinen Aposteln eine wahrhaft »kleine Herde«. Damit wir ihr heute qualifiziert angehören können, brauchen wir fundiertes Wissen über unseren Glauben und oft auch viel Mut, ihn zu benennen und für ihn zu kämpfen. Ein Kritiker bemerkte einmal schnippisch gegenüber Mutter Teresa, sie sei

---

6 Peter Hahne, *Finger weg von unserem Bargeld!*, Köln 2016, S. 69.

mit ihrer Theologie doch 200 Jahre zurück, worauf sie lächelnd antwortete: »Nein, 2000 Jahre.«[7] Wir brauchen dabei aber auch die Unterstützung unserer Priester und Bischöfe. Wir wollen von ihnen in unserem Glauben geführt werden und nicht in der Verharmlosung des Islam oder in der Frage, welche Partei für Christen wählbar sei, und wir halten auch eine Belehrung über den amerikanischen Präsidenten Donald Trump für überflüssig. Solche Urteile können wir uns selbst bilden.

Zweitens: Jede Forderung nach Einebnen der Hierarchie in der Kirche negiert das Verständnis von ihrem Wesen. Eine Klerikalisierung der Laien ist genauso unsinnig wie eine Laisierung der Kleriker. Damit lösen wir die Kirchenkrise nicht, die es zweifellos gibt. Aber sie ist keine Strukturkrise, sondern eine Glaubenskrise, weil Gott verdrängt oder beliebig manipuliert wird. Und unsere Kirche ist auch keine demokratische Institution, sondern Jesus Christus ist der Herr, dem alle Macht gegeben ist, im Himmel und auf Erden.

Drittens: Uns bewegt nicht die Frage von Reinhard Kardinal Marx, ob wir »in der Sorge um Identität erstarren«.[8] Für uns gelten nach wie vor Wahrheit, Lehre und Tradition und nicht Verweltlichung, Lebenswirklichkeit, Zeitgeist und »Verheutigung« des Evangeliums. Stattdessen stimmen wir Joachim Kardinal Meisner zu, der die Meinung vertritt, dass wir keine ständige weitere Verweltlichung brauchen, bei der dann irgendwann »die Seelsorge zur Psychotherapie, die Mission zur Entwicklungshilfe, die Karitas zur Sozialarbeit, der Gottesdienst zur liturgischen Folklore, die ansprechend sein muss, und die Lehre von den Letzten Dingen zu einem innerweltlichen Fortschrittsglauben« wird.[9]

---

[7] Leo Maasburg, *Mutter Teresa, Die wunderbaren Geschichten*, a. a. O., S. 9.
[8] In: *Die Tagespost*, 9. September 2016.
[9] Norbert Blaichinger im Gespräch mit Pfarrer Dr. Gerhard M. Wagner, *Ganz katholisch. Maria. Heilige Messe. Papst*, Munderfing 2015, S. 363 f.

Viertens: Und genau dies ist auch der Grund dafür, dass sich so viele von der Kirche zurückziehen. Die Behauptung, die uns immer wieder aufgetischt wird, dass sich die sogenannten »fortschrittlichen« Gläubigen von der Kirche fernhalten, stimmt doch bestenfalls nur zum Teil. Viele andere leiden darunter, dass wesentliche Dinge aufgegeben werden, zum Beispiel dass die Liturgie, sogar im Hochgebet, verändert wird und Firlefanz am Altar sowie politische Predigten und Fürbitten für unerträglich gehalten werden. Versteht ein Priester denn nun wirklich den Gläubigen nicht mehr, der Weihnachten etwas von der Menschwerdung Christi und Ostern etwas von der Bedeutung der Auferstehung zur Rettung des Menschen hören will und keine Erklärung zur Flüchtlingspolitik der Bundesregierung? Der Geist, um den wir bitten, ist der Heilige Geist und nicht der Zeitgeist, und zwar zu Glaubens- und nicht zu politischen Fragen. Der jahrelange Anpassungskurs an die sogenannte »Moderne« hat doch den Niedergang in unserer Kirche nicht aufgehalten, sondern beschleunigt. Gottvergessenheit – ein oft gebrauchtes Wort von Bischof Stefan Oster – und »Neuevangelisierung« – eine vielfache Forderung von Papst Benedikt XVI. – müssten einen Dauerplatz auf den Tagesordnungen der Vollversammlungen der Deutschen Bischofskonferenz haben.

Fünftens: Ganz sicher ist, dass zum Ziel der Neuevangelisierung nicht die teuer revidierte sogenannte Einheitsübersetzung der Bibel einen Beitrag leisten wird. Und was immer wir für kluge Begründungen hören und lesen:

Credo heißt nach wie vor: »*Ich* glaube« und nicht: »*Wir* glauben«.

Für mich schildert die Schrift zahlreiche *Wunder* und nicht *Machttaten* Jesu Christi. Machttaten waren zum Beispiel der Angriff auf Polen 1939 und die Besetzung der Krim durch die Russen, aber nicht die Heilung von Blinden, Taubstummen und Gelähmten durch Jesus.

Und ganz sicher werde ich auch weiterhin im Vateruns ser beten: »Und vergib uns unsere Schuld« und nicht, wie vorgeschlagen: »Und erlass uns unsere Schulden«, denn im Vaterunser bete ich zu Gott und verhandle nicht mit irgendeinem Bankangestellten.

Sechstens: Für uns ist es selbstverständlich, dass wir uns als Christen auch in die Politik einmischen, was für Bischöfe aber doch wohl nur in Grundsatz- und nicht in Alltagsfragen gelten kann. Wenn zum Beispiel die Eugen-Bolz-Stiftung einen Preis an die Bundeskanzlerin wegen ihres »engagierten Eintretens für die humanitären und christlichen Werte der EU« vergibt – ich möchte jetzt nicht bewerten, ob und wie die Bundeskanzlerin das getan hat und wie sich denn diese Werte der EU konkret darstellen –, dann fragen wir uns schon, ob es dem Amt des Vorsitzenden der Deutschen Bischofskonferenz angemessen ist, die Laudatio auf die Kanzlerin zu halten, oder ob Papst Benedikt XVI. mit Entweltlichung nicht genau das Gegenteil gemeint hat, nämlich gerade solche Angleichungen an die Welt zu unterlassen. Die Sehnsucht nach öffentlichem Lob ist zwar verständlich, aber wir erinnern an das Wort von Lukas: »Weh euch, wenn euch alle Menschen loben, denn ebenso haben es ihre Väter mit den falschen Propheten gemacht« (Luk 6,26).

Siebtens: Geradezu erschütternd finde ich es, wenn der Vorsitzende der Deutschen Bischofskonferenz bei seinem Besuch auf dem Tempelberg und an der Klagemauer in Jerusalem sein Kreuz ablegt, um, wie er es begründet hat, andere Glaubensgemeinschaften nicht zu diskriminieren. Was hätten ihm dazu wohl die Märtyrer unserer Kirche zu sagen? Ich bin Bischof Heinz Josef Algermissen sehr dankbar für sein mutiges Wort, das lautete: »Es ist ein Symptom, wenn Kreuze aus Klassenzimmern und Gerichtssälen entfernt werden. Kreuze aber aus politischen Gründen wegen eines faulen Kompromisses abzulegen, ist verantwortungslos.«[10] Jawohl! Für eine solche Anpassung, Unterwerfung, Selbstaufgabe und Verleugnung haben wir kein Verständnis, denn zum Christen gehört ein klares Bekenntnis zum Gekreuzigten, zumal die gezeigte Haltung keine Hilfe für die Christen vor Ort war.

Achtens: Nicht auslassen können wir das Thema Islam, denn die Auseinandersetzungen mit ihm werden in der Zukunft weitergehen. Wir stimmen all den Repräsentanten unserer Kirche nicht zu, die die Auffassung vertreten, dass wir Christen einen stärker werdenden Islam nicht fürchten müssen. Wie kann man eine solche Einschätzung vornehmen, wenn zurzeit circa 100 Millionen Menschen auf der Welt verfolgt und 100 000 bis 150 000 pro Jahr um ihres Glaubens willen getötet werden, häufig von Islamisten, wenn auch nicht nur Christen. Es gibt nachweislich Quellen des Hasses und der Gewalt im Koran, und es gibt im Islam auch keine universellen Menschenrechte und keine Trennung zwischen göttlichem und menschlichem Recht. Wir führen keine, wie Reinhard Kardinal Marx meint, »undifferenzierten Schaukämpfe gegen den Islam«. Stattdessen sind wir auf der Seite von Bischof Voderholzer, der vor einer Integrationseuphorie mit dem Islam warnt. Und es stimmt einfach nicht, wenn Rainer Maria Kardinal Woelki behauptet, dass Christen und Muslime denselben Gott haben. Kernaussagen des Christentums, zum Beispiel die Existenz der Dreifaltigkeit, dass Christus als Sohn Gottes Mensch geworden ist und dass er uns durch seinen Tod am Kreuz erlöst hat, werden vom Islam geleugnet. Dazu zum letzten Mal eine Geschichte von Mutter Teresa, die hierzu passt: Mutter Teresa nahm an einer Bischofssynode teil und traf am Rande Kardinal König, der sie fragte, wie es ihr denn unter so vielen Bischöfen gehe. Mutter Teresa antwortete: »Wissen Sie, Herr Kardinal, ich verstehe zwar nicht

---

[10] In: *Der Fels*, 1/2017, S. 5.

alles, was hier geredet und berichtet wird, aber ich denke mir: Vielleicht ist es manchmal wichtiger, für die Bischöfe zu beten, als ihnen zuzuhören.«[11]

Neuntens: Wir brauchen nicht ausdrücklich zu betonen, dass wir papsttreu sind. Das kann aber nicht bedeuten, dass wir alle kritischen Fragen, die die Gläubigen bewegen und zu denen sie eine andere Meinung haben als der Papst, zumal dann, wenn sie keine lehramtlichen Entscheidungen betreffen, nicht äußern dürfen. Ich bin zum Beispiel nicht damit einverstanden, dass die Anhänger der alten Messe als »Nostalgiker« abqualifiziert werden, nicht damit, dass der Papst, wenn er auf die Frage nach den Gründen für die Entlassung von drei anerkannten Priestern aus der Glaubenskongregation lediglich antwortet, er sei der Papst, er brauche keine Gründe zu nennen, oder auch nicht damit, dass der Papst erklärt: »Es ist nicht richtig, den Islam mit der Gewalt zu identifizieren … Wenn ich von islamischer Gewalt spreche, dann muss ich auch über christliche Gewalt sprechen.«[12] Diese Aussage geht insofern am Problem vorbei, weil es im Koran zahlreiche Aufrufe zur Gewalt gegen sogenannte Ungläubige, sprich: Nichtmuslime, gibt, aber in der Bibel keinen einzigen Aufruf zur Gewalt gibt, auch nicht gegen Nichtchristen.

Zehntens: Einige kritische Anmerkungen zum Apostolischen Schreiben *Amoris laetitia* und zur Stellungnahme der deutschen Bischöfe dazu vom 1. Februar 2017:

a. Der Papst bekräftigt, dass *Amoris laetitia* in der kirchlichen Tradition stehe. Das ist meines Erachtens nicht richtig. Es steht partiell im Widerspruch zu *Familiaris consortio* des heiligen Papstes Johannes Paul II. von 1981.

[11] Leo Maasburg, *Mutter Teresa, Die wunderbaren Geschichten*, a.a.O., S. 19.
[12] Samuel Schirmbeck, *Der islamische Kreuzzug und der ratlose Westen*, Zürich 2016, S. 267.

b. Die Bedingungen für die eucharistische Gemeinschaft sind Schuldbekenntnis und Reue. Beide sind im Zusammenhang mit unserer Thematik nur dann glaubwürdig, wenn das ehebrecherische Verhältnis beendet wird. Dies ist zum Beispiel auch die dezidierte Meinung von Professor Robert Spaemann.[13]

c. Den Priestern, die bei ihrer bisherigen ablehnenden Haltung der Kommunionausteilung bleiben, wird vom Papst der Vorwurf des »schnellen Urteils« und »rigoristischer extremer Haltung« gemacht. Dabei gilt aber nach wie vor, dass es gemäß Lehrtradition und katholischem Katechismus Normen der Kirche gibt, die allgemeingültig sind und nicht in einer besonderen Situation oder im Einzelfall anders entschieden werden können. Ausnahmen sind lediglich diese beiden Gründe: Feststellung der Ungültigkeit der sakramentalen Ehe und sexuelle Enthaltsamkeit in der neuen Beziehung.

d. Wenn sich die Barmherzigkeit Gottes, die übrigens von keinem Gläubigen eingefordert werden kann, am subjektiven Gewissen ausrichten würde, dann würde sich ein Scheunentor für alle weiteren Aufweichungen kirchlicher Lehrtraditionen öffnen. Wir werden erleben, in welcher Weise dies in naher Zukunft geschieht und dem Relativismus weiteren Vorschub leistet. Bei *Amoris laetitia* geht es um Ehebruch, aber weitergehend um die katholische Sakramentenlehre. Unter Bezugnahme auf dieses Lehrschreiben werden sich zukünftig vielfältige Stimmen erheben, die alle unter Sakramentenordnung etwas anderes verstehen und weitere Aufweichungen fordern.

e. Die letzte Verantwortung in der finalen Entscheidung ist von oben nach unten, vom Papst über die Bischöfe auf jeden einzelnen Priester, delegiert worden. Dies schafft Überforderungen in der Beurteilung einer größeren Zahl von völlig unterschiedlichen Einzelfällen und Konflikte in der Spannung

---

[13]   Robert Spaemann, *Ehescheidung und Kommunion*, Altötting 2016, S. 11.

zwischen dem persönlichen Standpunkt des Priesters auf der einen und eventuell dem Gehorsam seinem Bischof gegenüber auf der anderen Seite. Die Frage wird sein, ob es auf Dauer überhaupt noch einen Priester geben wird, der den wiederverheirateten Geschiedenen die Sakramente verweigert. Das nicht zu tun, also nicht zu verweigern, ist im Übrigen längst weitgehend gängige Praxis, womit zum Beispiel der Freiburger Erzbischof sogar öffentlich seine Position begründet hat, die eine Fortführung der Praxis seines Vorgängers im bischöflichen Amt sei.

f. In *Amoris laetitia* ist der Spaltpilz in unserer Kirche angelegt und diese Spaltung hat ja bereits konkret begonnen: zum Beispiel in Argentinien, bei den Bischöfen von Malta, nicht bei der Bevölkerung. Die Schweiz und Deutschland haben sich als Befürworter geäußert, Polen, Kasachstan, einige Bischöfe in den USA, Bischof Huonder in der Schweiz und einige aus anderen Kontinenten dagegen als Gegner.

Und die Frage muss doch erlaubt sein, wer sich denn jetzt eigentlich um diejenigen kümmert, die als Geschiedene bis heute standhaft und treu nach der gültigen Lehre unserer Kirche gelebt haben?

g. Die deutschen Bischöfe erklären in ihrem Schreiben zu *Amoris laetitia:* »Die Freude der Liebe, die in den Familien gelebt wird, ist auch die Freude der Kirche«, und befürworten eine praktische Pastoralarbeit. Wir stimmen dieser Meinung ausdrücklich zu. Aber warum halten sie diese pastorale Arbeit denn erst jetzt für wünschenswert? Das Apostolische Schreiben *Familiaris consortio* hatte sie nämlich auch entsprechend aufgefordert. Dieses Lehrschreiben des heiligen Papstes Johannes Paul II. liegt seit 1981 vor. Was ist denn in diesen zurückliegenden 36 Jahren geschehen?

h. Die Kardinäle Raymond Leo Burke (USA), Walter Brandmüller (Deutschland), Carlo Caffara (Italien) und Joachim Meisner (Deutschland) haben wegen einer ernsten Verunsicherung vieler gläubiger Menschen und einer großen Verwirrung den Papst um mehr Klarheit bei *Amoris laetitia* gebeten. Dies geschah in einem sachlichen Ton mit dem Ziel der Beseitigung von Zweifeln. Öffentlich gemacht haben sie ihren Text erst, als sie wochenlang vergeblich auf eine Antwort gewartet haben und ihnen dann beschieden worden ist, dass der Papst ihre fünf *Dubia* (»Zweifel«) nicht beantworten wird. Seitdem gibt es immer wieder Stellungnahmen dazu, auch von zahlreichen Bischöfen, mit konträren Auffassungen.

In diesen *Dubia* ist vor allem der fünfte Punkt ganz wichtig, dass nämlich das persönliche Gewissen niemals dazu autorisiert ist, Ausnahmen von absoluten Normen der Kirche zu legitimieren. Auch Robert Spaemann bestätigt diese Position mit seiner Aussage: »Subjektivität kann niemals das Kriterium bei der Spendung der Sakramente sein.«[14] Und bei Fragen, die sich aus Zweifeln ergeben, kann keiner von außen eine Diskussion einfach für beendet erklären, völlig gleichgültig, wer dies versucht. Der bestehende Konflikt muss ohne faule Kompromisse ausgetragen werden. Man kann ihn nicht aussitzen, denn die Zweifel und Fragen werden weitergehen. Ich stimme Weihbischof Andreas Laun uneingeschränkt zu in seiner Feststellung: »Es gibt einen verpflichtenden Gehorsam gegenüber dem Papst und der Autorität der Kirche, es gibt in dieser Kirche ... aber auch ... das Recht und manchmal die Pflicht des freien Wortes.«[15]

5. Schluss

Ich habe einen bunten Strauß geflochten von falschen Entwicklungen, Verhaltensweisen und Entscheidungen in Politik, Gesellschaft und Kirche, die wesentlich sind, aber natürlich beliebig erweitert werden könnten. Ihnen allen ist gemeinsam,

---

[14] Robert Spaemann, in: *Die Tagespost*, 8. Dezember 2016.
[15] Andreas Laun, in: *Kirche heute*, 2+3/2017, S. 8.

dass sie eine Herausforderung für jeden Einzelnen von uns in der »kleinen Herde« der katholischen Kirche bedeuten. Wir haben gesehen, dass die Entchristlichung und Verweltlichung voranschreiten. Dagegen müssen wir etwas unternehmen. Die Bereitschaft, sich zu informieren und dort, wo es nötig ist, zu widersprechen und auf friedlichem Wege Widerstand zu leisten, beginnt immer beim Einzelnen, also bei mir selbst.

Wir müssen mit Begeisterung für unseren Glauben vorangehen. Augustinus lehrt uns: »Nur wer selbst brennt, kann Feuer in anderen entfachen.« Man kann nicht eindrücklich genug darauf hinweisen, dass Familie, Schule und häufig auch Pfarrgemeinde als Agenturen für die Hinführung und Vertiefung des Glaubens und zum kirchlichen Leben weitgehend ausgefallen, mindestens aber erheblich schwächer geworden sind. Deshalb ist die Weitergabe unseres Glaubens an die kommende und übernächste Generation die Überlebensfrage des Christentums.[16] Wir müssen bereit sein, Verantwortung zu übernehmen für den Mitmenschen in Ehe und Familie, gegenüber dem Kranken und Behinderten, dem Alten und Einsamen, dem Obdachlosen und Verzweifelten, dem Verunsicherten und Gestrauchelten, dem Sorgenvollen, Ängstlichen und Süchtigen. Dabei muss unser Handeln sensibel und demütig sein und muss begleitet werden durch unser häufiges Gebet, bestimmt im Sinne des Gebetes für Frieden und Gerechtigkeit, in dem es heißt, »dass ich die Wahrheit sage, wo Irrtum ist; dass ich Glauben bringe, wo Zweifel droht; dass ich Hoffnung wecke, wo Verzweiflung quält«.[17] Wir müssen standhaft und mutig bleiben, auch wenn wir nicht immer Zustimmung gewinnen. Auch Jesus sind Anhänger weggelaufen, sodass er eines Tages seine Apostel gefragt hat: »Wollt auch ihr weggehen?« (Joh 6,67). Diese Frage ist auch an uns

---

[16] S. hierzu auch das von Erzbischof Georg Gänswein gehaltene Grundsatzreferat in Altötting am 10. September 2016.
[17] *Gotteslob*, 19,4.

gerichtet, und wir beantworten sie mit einem entschiedenen: »Nein! Wir bleiben.« Es gibt ein wunderschönes Wort von Papst Benedikt XVI. – bei ihm gibt es so unzählige großartige Worte, dass man ihn ständig zitieren möchte – aus seiner Predigt in der traditionellen Messe zur Papstwahl am 18. April 2005, das lautet: »Erwachsen und reif ist ein Glaube, der tief in der Freundschaft mit Christus verwurzelt ist ... Diesen erwachsenen Glauben müssen wir reifen lassen, zu ihm müssen wir die Herde Christi führen.«[18] Die »kleine Herde« in einer säkularen Gesellschaft hat er schon 1970 als Professor in Regensburg im Blick gehabt mit seiner Voraussage: Die Menschen »werden, wenn ihnen Gott ganz entschwunden ist, ihre volle, schreckliche Armut erfahren. Und sie werden dann die kleine Gemeinschaft der Glaubenden als etwas ganz Neues entdecken. Als eine Hoffnung, die sie angeht; als eine Antwort, nach der sie im Verborgenen immer gefragt haben.«[19]

Und Christus macht uns Mut bei der Erfüllung unserer nicht leichten Aufgabe in der »kleinen Herde«, indem er uns zusagt: »Seid gewiss: Ich bin bei euch alle Tage bis zum Ende der Welt« (Mt 28,20) und ergänzend: »Fürchte dich nicht, du kleine Herde; denn euer Vater hat beschlossen, euch das Reich zu geben« (Luk 12,32).

Also – worauf warten wir noch? Erfüllen wir unseren Auftrag!

---

[18] Michael Hesemann, *Papst Franziskus. Das Vermächtnis Benedikts XVI. und die Zukunft der Kirche*, a. a. O., S. 86 f.

[19] Stefan Oster, Peter Seewald, *Gott ohne Volk?*, München 2016, S. 177.